A sabedoria dos antigos

FUNDAÇÃO EDITORA DA UNESP

Presidente do Conselho Curador
Herman Jacobus Cornelis Voorwald

Diretor-Presidente
José Castilho Marques Neto

Editor-Executivo
Jézio Hernani Bomfim Gutierre

Conselho Editorial Acadêmico
Alberto Tsuyoshi Ikeda
Áureo Busetto
Célia Aparecida Ferreira Tolentino
Eda Maria Góes
Elisabete Maniglia
Elisabeth Criscuolo Urbinati
Ildeberto Muniz de Almeida
Maria de Lourdes Ortiz Gandini Baldan
Nilson Ghirardello
Vicente Pleitez

Editores-Assistentes
Anderson Nobara
Fabiana Mioto
Jorge Pereira Filho

Francis Bacon

A sabedoria dos antigos

Tradução
Gilson César Cardoso de Souza

Título original em inglês: *Wisdom of the Ancients*

© 2002 da tradução brasileira:

Fundação Editora da Unesp (FEU)
Praça da Sé, 108
01001-900 – São Paulo – SP
Tel.: (0xx11) 3242-7171
Fax: (0xx11) 3242-7172
www.editoraunesp.com.br
www.livrariaunesp.com.br
feu@editora.unesp.br

Dados Internacionais de Catalogação na Publicação (CIP)
(Câmara Brasileira do Livro, SP, Brasil)

Bacon, Francis, 1561-1626.
    A sabedoria dos antigos/Francis Bacon; tradução
Gilson César Cardoso de Souza. – São Paulo: Editora
Unesp, 2002.

    Título original: The wisdom of ancients
    ISBN 85-7139-396-6

    1. Bacon, Francis, 1561-1626. A sabedoria dos
antigos   2. Conduta de vida – Obras anteriores a
1900   3. Ensaios ingleses   I. Título.

02-2534   CDD-192

Índices para catálogo sistemático:

1. Bacon, Francis: Obras filosóficas   192
2. Filosofia inglesa   192

Editora afiliada:

Sumário

Apresentação   7

Dedicatórias   13

Prefácio   17

A sabedoria dos antigos   23

    I   Cassandra, ou franqueza de linguagem   23

    II   Tifão, ou rebeldia   24

    III   Ciclopes, ou ministros do terror   27

    IV   Narciso, ou amor-próprio   28

    V   Estige, ou tratados   29

    VI   Pã, ou Natureza   31

    VII   Perseu, ou guerra   40

    VIII   Endimião, ou o favorito   43

    IX   A irmã dos Gigantes, ou Fama   44

    X   Acteão e Penteu, ou curiosidade   45

Francis Bacon

XI Orfeu, ou Filosofia 46

XII Celo, ou origem 49

XIII Proteu, ou matéria 52

XIV Memnão, ou o prematuro 54

XV Titono, ou saciedade 55

XVI Pretendente de Juno, ou desonra 56

XVII Cupido, ou átomo 56

XVIII Diomedes, ou zelo religioso 60

XIX Dédalo, ou o mecânico 62

XX Erictônio, ou impostura 65

XXI Deucalião, ou restauração 66

XXII Nêmese, ou vicissitudes das coisas 67

XXIII Aqueló, ou batalha 69

XXIV Dioniso, ou desejo 70

XXV Atalanta, ou lucro 74

XXVI Prometeu, ou condição humana 75

XXVII Ícaro alado, também Cila e Caribdes, ou caminho do meio 86

XXVIII Esfinge, ou Ciência 88

XXIX Prosérpina, ou Espírito 91

XXX Métis, ou conselho 95

XXXI Sereias, ou volúpia 96

Apresentação

A interpretação alegórica dos mitos clássicos que Francis Bacon faz em A *sabedoria dos antigos* teve por muito tempo fortuna crítica semelhante à própria posição do autor no lugar que ocupa nas histórias do pensamento ocidental traçadas com mais ligeireza: foi tomada pelo que não é. Pois assim como Bacon foi tradicionalmente situado como um dos fundadores da ciência moderna por motivos que não são exatamente os que lhe garantem tal posição, sua coletânea de interpretações alegóricas foi, durante muito tempo, vista exclusivamente como parte de sua obra "literária". Somente após pesquisas mais recentes (P. Rossi, C.W. Lemni, B.C. Garner, L. Jardine, e outros) é que este equívoco – constante mesmo na edição padrão das obras de Bacon de Ellis, Spedding e Heath, de 1860 (de cuja tradução do latim para o inglês foi extraída a presente edição) – passa a ser dissipado. A partir daí, A *sabedoria dos antigos*, sem que seja descartada sua "literaridade", é reposicionada como parte da "obra filosófica" de Bacon, pois conteria, inclusive, de maneira oblíqua, mas clara, colocações

Francis Bacon

relativas ao naturalismo materialista democriteano que seriam de grande importância para a compreensão da perspectiva de sua obra como um todo, bem como traços de sua interpretação de Maquiavel, esclarecedores no que tocam à sua filosofia política, implícita nesta e em outras obras (como os *Ensaios* e *A Nova Atlântida*).

Esta maneira oblíqua empregada por Bacon é consubstanciada na interpretação alegórica – um compromisso que os gregos antigos encontraram para não renunciar nem a Homero nem à ciência – por ele utilizada, paradoxalmente, como um artifício retórico. Isto é paradoxal porque o procedimento alegórico, embora vise à comunicação – para um público restrito –, é voltado ao ocultamento, ao contrário do retórico, que constitui um esforço de comunicação para um público mais amplo. Assim, para Bacon, essas colocações seriam já expressão da "sabedoria dos antigos", que a teriam ocultado do olhar profano por trás do véu da alegoria, na forma do que chegou a nós como alguns dos mitos clássicos. Ao interpretar esses mitos, Bacon estaria comunicando certos pontos, por ele tidos como verdades, de uma forma mais adequada de ser aceita pelo público, ao mesmo tempo que os reforçava com o prestígio e o peso dessa antiquíssima e mítica sabedoria.

A alegoria pode ser um modo de expressão e uma variedade de interpretação, e uma expressão alegórica pode nunca vir a ser interpretada alegoricamente, da mesma forma que pode ocorrer interpretação alegórica de um autor que não empregou alegoria. Para ambos os sentidos, no que se refere ao mito, seu verdadeiro valor está na verdade que ele exprime e não na imagem exprimida. Pouco importa a fabulação, pois não é ela que é verdadeira. A letra do mito da união de Zeus e Hera sobre o monte Ida pode ser chocante, mas o que importa é

A sabedoria dos antigos

apenas a realidade física ou metafísica do mito: a união do ar e do éter, a união da mônada e da díada, ou, ainda, a união sagrada de duas potências, paternal e maternal, no escalão divino. A salvaguarda do sentido literal não preocupa os exegetas de Homero como preocupará os das Santas Escrituras, pois eles não têm nenhum compromisso com a letra dos mitos.

O nascimento da interpretação alegórica pode ser situado no início do século VI a.C., quando se desenvolve vigorosa oposição à teologia homérica, acusada de dar aos deuses uma representação imoral. Vista com reserva por Platão, a exegese alegórica é não só aprovada por Aristóteles, como também por ele aplicada em relação ao episódio homérico do gado do sol (*Odisseia* XII), tomando-o como os dias do ano, e sua morte pelos companheiros de Ulisses como uma figura do tempo perdido. Mas foram os estoicos que deram à interpretação alegórica de Homero um impulso definitivo, marcando-a de uma forma que, malgrado muitas resistências, se ampliou e chegou quase ao início da Idade Média. A concepção estoica será preponderante também nos mitógrafos renascentistas. Sua finalidade, encontrar os princípios da doutrina estoica por trás de versões míticas, cuja antiguidade e caráter hermético a dignifica e autentica, será uma das preocupações de Bacon em sua própria prática.

A alegoria, como produção (na poesia de Spenser, sobretudo) e interpretação (nas traduções de Homero elaboradas por Chapman, principalmente), ocupa um lugar importante na literatura da Inglaterra elizabetana. Ao lado do enfraquecimento da alegoria mais propriamente medieval (que, na verdade, é mais prosopopeia ou personificação: personagens como um velho eremita chamado Destino, uma bela dama chamada Virtude etc.)

em prol de um maior vigor mimético e narrativo, é introduzido um material mais especificamente renascentista e elizabetano, de fundo clássico. Multiplicam--se edições renascentistas importantes dos clássicos e manuais de mitógrafos como Natalis Comes, um dos mais populares, de cuja obra tanto Chapman como Bacon farão uso.

No decorrer de sua obra, Bacon adota diversas atitudes em relação aos mitos clássicos. No *Temporis Partus Masculus*, anterior a 1603, Bacon ataca violentamente a cultura tradicional. A possibilidade de os antigos possuírem sabedoria oculta é de pouco interesse para aqueles "que preparam coisas úteis para o futuro da raça humana". Em *Cogitationes de Natura Rerum*, de 1604, há uma apresentação direta do naturalismo materialista democriteano. Em *Cogitationes de Scientia Humana*, de 1605, Bacon desenvolve duas teorias expostas na obra anterior em suas interpretações das fábulas de Proteu e Saturno, que constituem a 70ª e a 80ª *Cogitationes*. Na 40ª, na 60ª e na 100ª *Cogitationes* Bacon interpreta os mitos de Métis, da Irmã dos Gigantes e de Midas em termos políticos de inspiração maquiavélica. Nas interpretações de Proteu e Saturno, em termos de filosofia natural, Bacon adota uma atitude decisivamente materialista, ao lado da noção a ser desenvolvida no curso de suas obras, da importância para a humanidade da vontade de dominar a natureza, da qual devem derivar a arte de dominá-la e a de resolver seus mais profundos mistérios. É no *Cogitationes de Scientia Humana* que a distinção de Bacon entre tópicos científicos e religiosos, que vai ser um tema básico no *De Sapientia Veterum*, se delineia claramente. Já no "Advancement of learning", publicado em 1605, ele sugere – mas não afirma – que a fábula precedeu a interpretação e critica Crisipo por atribuir, em suas interpretações,

A sabedoria dos antigos

concepções estoicas aos poetas antigos. No *Cogitata et Visa*, de 1607, e no *Redargutio Philosophiarum*, de 1608, Bacon volta a atacar, como no *Temporis Partus Masculus*, a tese da sabedoria oculta nas fábulas antigas e aqueles que reportam suas teorias à Antiguidade para lhes conferir certa solenidade; no *Redargutio* Bacon considera a hipótese de as fábulas antigas serem remanescentes sagrados de tempos melhores, mas nega a importância de tal hipótese. No *Sapientia Veterum*, publicado em 1609 – embora mantenha críticas como a dirigida a Crisipo no "Advancement" –, Bacon está firmemente convencido de que o véu das fábulas é um elo entre a sabedoria antiga e os séculos seguintes. Esta obra – que o leitor tem em mãos – se dedica exclusivamente à interpretação de 31 mitos, na qual estão presentes as teorias filosóficas naturalistas materialistas democriteanas já expostas no *Cogitationes de Natura Rerum* e no *Cogitationes de Scientia Humana*.

Assim, se nas obras iniciais a função dos mitos era primordialmente pedagógica, e a possibilidade de um significado alegórico era problemática e subordinada, já no *De Sapientia* a função pedagógica representa apenas um argumento adicional a favor do significado alegórico. No Prefácio dessa obra, Bacon diz que as falhas que possam existir na interpretação desse significado só podem ser atribuídas à ignorância dos intérpretes. Quanto às teorias que formam a base filosófica das interpretações de Bacon no *De Sapientia*, ele já as tinha exposto nas obras citadas. Entretanto, essas interpretações dependem estreitamente da tradição exegética dos mitos clássicos tal como se dá nos inúmeros manuais da época, como os de Boccaccio, Comes e Aliaciati, inspirados por Plutarco, Luciano, Cornutus, Macróbio e outros, bem como pelos neoplatônicos e pelos escritos alquímicos.

Francis Bacon

Bacon utiliza essas fontes não só para o relato dos mitos, mas muitas vezes também para sua interpretação.

Na *Sabedoria dos antigos* são desenvolvidos principalmente quatro temas filosóficos (além de inúmeras reflexões psicológicas e morais retomadas na segunda e na terceira edições do *Essays*): a importância da distinção entre teologia e filosofia, entre fé e ciência; as vantagens do naturalismo materialista; a função da pesquisa filosófica e a necessidade do método; a defesa de um realismo político, inspirado por Maquiavel. No primeiro caso estão, por exemplo, as exegeses dos mitos de Penteu e Prometeu; no segundo, as de Pan e Eros (ou Cupido); no terceiro, as de Atalanta, a Esfinge, Orfeu, Prometeu, Dédalo e Ícaro; no quarto, as de Métis, os Ciclopes, Endimião, Narciso, Perseu, Diomedes e o rio Estige. Este último, por exemplo, e, principalmente, as palavras de Ifícrates sintetizam os requisitos de interdependência e equilíbrio de poder essenciais às relações entre Estados.

Eis, portanto, o Bacon "literário", no cerne de sua filosofia.

Raul Fiker
Professor Livre-Docente
FCL – Unesp – Araraquara

Dedicatórias

Ao Ilustríssimo Varão
CONDE DE SALISBURY,
Tesoureiro-mor da Inglaterra e
Chanceler da Universidade de Cambridge

Aquilo que é dedicado à Universidade de Cambridge, a vós é acrescido por direito, em vossa qualidade de Chanceler; e tudo o que de mim proceda vos é devido a título próprio. Resta saber não se tais coisas são vossas, mas se são dignas de vós. Tudo quanto nelas for despiciendo (o engenho do autor), vossa simpatia por mim o ignorará; o resto não vos será desonroso. Pois, se considerarmos a época, a antiguidade remota merece suma veneração; se considerarmos a forma de exposição, a parábola tem sido uma espécie de arca onde se guardam as mais preciosas joias da ciência; se considerarmos o assunto, trata-se da filosofia, naturalmente o segundo ornato da vida e da alma humana. Convém dizer que, embora a filosofia tenha em nosso século regredido,

Francis Bacon

por assim dizer, a uma segunda infância, sendo deixada a rapazes e quase meninos, eu a considero, entre todas as coisas e logo em seguida à religião, a mais grave e a mais digna da natureza humana. Mesmo a política, em que tão proficiente vos mostrastes por mérito próprio e talento, segundo o juízo de um rei sapientíssimo, jorra da mesma fonte e é dela parte maior. E se alguém considerar vulgares as coisas que digo, certamente não me caberá julgar minhas ações; o que tive em mira foi ignorar as coisas óbvias e ultrapassadas, os lugares-comuns, e contribuir para a compreensão das dificuldades da vida e os segredos da natureza. Para o entendimento vulgar, serão vulgares; mas o intelecto superior não será decerto abandonado e sim (como espero) conduzido. Entretanto, se procuro dar alguma dignidade à obra, já que vos é dedicada, corro o risco de transgredir os limites da modéstia, pois ela é de minha lavra. Mas vós a recebereis como penhor de meu afeto, respeito e devoção máxima, e lhe dareis o amparo de vosso nome. Vendo que tendes tantos e tão grandes encargos, não vos tomarei o tempo. Aqui termino, desejando-vos toda a felicidade. O para sempre

A vós mui ligado por seu zelo e vossa beneficência,

FRA. BACON

À Mãe-nutriz,
Egrégia Universidade de Cambridge

Uma vez que, sem a filosofia, certamente não quero viver, cabe-me ter-vos em grande honra, pois de vós me vêm a proteção e o consolo da vida. Confesso dever-vos o que sou e o que possuo, sendo, pois, menos de admirar se vos pago com o que vos pertence. Volte tudo então, por um movimento natural, ao lugar de onde proveio. No entanto, não sei como, há umas raras *pegadas que retornam a vós*, entre o número infinito das que de vós partiram. Nem, penso eu, devo atribuir-me muita coisa se, pela familiaridade medíocre com os assuntos que meu gênero de vida e meus projetos me impuseram, acalentar a esperança de que as invenções dos doutos possam acrescer-se com os meus trabalhos. Decerto é minha opinião que as especulações, uma vez transplantadas para a vida ativa, adquirem novo vigor e graça; e, tendo mais com que se alimentar, mergulham ainda mais fundo as suas raízes ou, pelo menos, ficam mais altas e frondosas. Vós nem sequer vos dais conta (cuido eu) da amplitude de vossos estudos e das múltiplas esferas a que são pertinentes. Porém, é justo que tudo vos seja atribuído e à vossa honra se credite, pois os acréscimos se devem em grande parte ao princípio. Mas, em verdade, não espereis de um homem ocupado nada de primoroso, nenhum dos prodígios ou privilégios do ócio. Atribuireis, no entanto, ao meu amor por vós e por vossas grandes realizações, isto: que em meio aos espinhos da vida pública essas coisas não tenham perecido, mas se preservaram para vós por vossa causa.

Seu discípulo amantíssimo,

FRA. BACON

Prefácio

Os tempos mais recuados (exceto os fatos que lemos nas escrituras sagradas) estão envoltos em silêncio e esquecimento. Ao silêncio da Antiguidade seguiram-se as fábulas dos poetas; é às fábulas, os escritos que possuímos. Assim, entre os recessos da Antiguidade e a memória e evidência dos séculos que se seguiram, desceu como que um véu de lendas, o qual se interpôs entre o que pereceu e o que subsistiu. Temo que, na opinião de muitos, esteja me divertindo com um jogo, usando, para usurpar as fábulas, da mesma licença a que os poetas recorreram para inventá-las. E é bem verdade que, se pudesse aliviar a aridez de meus estudos com a prática de semelhantes amenidades, para gáudio próprio ou alheio, eu o faria. Não ignoro quão flexível é a matéria da fábula, quão maleável – e que, com um pouco de engenho e garrulice, se lhe pode atribuir plausivelmente o que nunca pretenderam dizer. Não me esqueço também de que muito se abusou dessas coisas; com efeito, para dar foros de venerável antiguidade a suas próprias invenções e doutrinas, homens houve que

Francis Bacon

distorceram as fábulas dos poetas em seu favor. Essa vaidade não é nova nem rara, mas antiga e frequente. Crisipo outrora, interpretando os velhos poetas como se interpretasse sonhos, fê-los filósofos estoicos. Mais absurdamente ainda, os alquimistas transferiram para suas experiências de fornalha os passatempos e brincadeiras dos poetas sobre as transmutações dos corpos. Tudo isso argui e ponderei, considerando ainda a leviandade e a presteza com que as pessoas embalam sua imaginação nas alegorias. Mas, ainda assim, não posso mudar de ideia. É que, para começar, não convém permitir à licença e à insanidade de uns poucos conspurcarem a honra das parábolas em geral, já que isso seria coisa profana e petulante. Uma vez que a religião se deleita nesses véus e sombras, removê-los impediria todo comércio entre o humano e o divino. Mas falemos apenas da sabedoria dos homens. Sem dúvida – confesso-o com candura –, partilho da seguinte opinião: por sob número não pequeno de fábulas dos poetas antigos jazem, desde o começo, um mistério e uma alegoria. Bem pode dar-se que meu gosto reverente pelos tempos recuados me haja levado longe demais. A verdade, porém, é que em algumas dessas fábulas, tanto na forma e textura do relato quanto na adequação dos nomes pelos quais se distinguem os seus personagens, encontro uma conformidade e uma conexão com a coisa significada, tão próximas e tão notórias que a ninguém ocorreria negar-lhes intencionalidade e reflexão: elas foram, desde o início, concebidas de propósito. Pois quem seria tão incrédulo e cego à obviedade das coisas para, ouvindo que depois da queda dos *Gigantes* a *Fama* surgiu como sua filha póstuma, não perceber de pronto que isso se refere à murmuração dos partidos e aos boatos sediciosos que sempre circulam durante algum tempo depois da supressão de

A sabedoria dos antigos

um motim? Quem, inteirado de que o gigante *Tifão* cortou e levou consigo os tendões de Júpiter (os quais *Mercúrio* lhe roubou para devolvê-los ao pai), não veria logo que o fato se relaciona a rebeliões bem-sucedidas, pelas quais os reis têm cortados, ao mesmo tempo, os "tendões" do dinheiro e da autoridade? Pois não é sabido que, mediante palavras sábias e éditos justos, os ânimos dos súditos podem ser reconciliados, e por assim dizer "roubados e devolvidos", de sorte a recuperarem os reis sua força? Haverá quem, informado de que na memorável campanha dos deuses contra os gigantes o zurrar do burro de Sileno pôs a estes em fuga, não notará que semelhante episódio foi inventado em alusão às ambiciosas tentativas dos rebeldes, dissipadas como geralmente o são por falsos boatos e vãos terrores? Ora, existem também conformidade e significação nos próprios nomes, evidentes a todos. Métis, consorte de Júpiter, significa claramente prudência; Tifão, arrogância; Pã, o universo; Nêmese, vingança, e por aí além. Mas não encontramos, aqui e ali, inserções de fragmentos de histórias reais, pormenores acrescentados à guisa de ornamento, épocas confundidas, pedaços de uma fábula enxertados em outra e uma nova alegoria introduzida? Tais coisas não poderiam deixar de produzir-se em histórias inventadas (como estas) por homens que viveram em diferentes épocas e que tinham diferentes objetivos – sendo alguns mais modernos, outros mais antigos, uns propensos à filosofia, outros à política. Assim, que isso não nos perturbe.

Há, porém, outro indício, e não dos mais desprezíveis, de que tais fábulas contêm um significado oculto e implícito: é que algumas delas são tão absurdas e tão néscias, se nos ativermos simplesmente ao relato, que é de crer estejam anunciando alguma coisa de longe, proclamando que trazem em si uma parábola. Porquanto uma fábula

Francis Bacon

verossímil talvez tenha sido composta por simples desfastio, à imitação da história; mas, ante uma narrativa que homem nenhum poderia ter concebido ou propalado, podemos presumir que dissimula alguma outra intenção. Que dizer desta invencionice: Júpiter toma Métis por esposa; logo que a vê grávida, devora-a; ei-lo grávido, ele próprio – e a partejar, de sua cabeça, Palas inteiramente armada!? Penso que ninguém teve jamais sonho tão monstruoso e extravagante, inteiramente alheio às formas naturais do pensamento.

Mas a consideração que mais peso tem para mim é que poucas dessas fábulas, tais quais as encaro, foram realmente inventadas pelos bardos que as recitaram e celebrizaram – Homero, Hesíodo e os outros. Houvessem elas sido fruto daqueles tempos e daqueles autores, por cujo intermédio chegaram até nós, eu não me daria o trabalho de esmiuçar grandeza ou majestade em semelhantes fontes. Todavia, a um escrutínio atento, percebemos que foram divulgadas não como invenções inéditas, mas como histórias cridas e consabidas. E, uma vez que são contadas de diferentes maneiras por escritores quase contemporâneos, percebe-se com facilidade que aquilo que todas as versões têm em comum veio de fonte antiga, enquanto as partes divergentes são acréscimos introduzidos por vários autores com a finalidade de embelezar. Essa circunstância, a meu ver, valoriza-as ainda mais, dado que então não podem ser consideradas nem invenções, nem fruto da época dos próprios poetas, mas relíquias sagradas e brisas de tempos melhores – recolhidas das tradições de países mais antigos e sopradas pelas flautas e trompas dos gregos.

Não obstante, se alguém persistir em acreditar que o significado alegórico das fábulas não é de forma alguma original e autêntico – ou seja, que a fábula veio antes e a

A sabedoria dos antigos

alegoria depois –, não insistirei; contudo, deixando-lhe embora a satisfação de afetar um juízo tão grave (posto que obtuso e frouxo), combatê-lo-ei em outro terreno, se valer a pena. As fábulas têm-se prestado a dois usos diferentes e, o que é estranho, a propósitos contrários: elas iludem e escamoteiam, mas ao mesmo tempo esclarecem e ilustram. Para sustar polêmicas, deixemos de parte o primeiro desses usos e suponhamos que as fábulas eram criações sem propósito definido, elaboradas apenas por prazer. Mas, e o segundo uso? Nenhum raciocínio engenhoso nos fará ignorá-lo. Um homem de faculdades medianas não negará que essa é uma aquisição grave e sóbria, isenta de vaidades; utilíssima às ciências e às vezes indispensável a elas. Refiro-me à adoção das parábolas como método de ensino, graças ao qual invenções novas e abstrusas, distantes do arrazoado vulgar, encontram passagem fácil para o entendimento. Por isso mesmo, nos tempos recuados, quando as criações e soluções da razão humana (incluindo as que hoje são banais e consabidas) ainda eram novas e intrigantes, o mundo andava repleto de toda a sorte de fábulas, enigmas, parábolas e símiles. Ora, tais criações não eram usadas para obscurecer e ocultar significados, mas como um meio de explicá-los – pois o intelecto humano mostrava-se então tosco e avesso às sutilezas que não iam diretamente ao âmago do sentido (para não dizer que era incapaz de apreendê-las). Assim como os hieróglifos vieram antes das letras, as parábolas vieram antes dos argumentos. E ainda hoje, se alguém quiser lançar nova luz sobre um assunto na mente humana, sem ofensa ou aspereza, deve adotar o mesmo sistema e procurar a ajuda dos símiles.

Do que aí ficou dito, concluo o seguinte: a sabedoria das eras antigas foi imensa ou afortunada; imensa se, de indústria, excogitou um disfarce ou tropo para o significado; afortunada se, desinteressadamente, deu matéria e ocasião a tantas contemplações meritórias. Minhas penas, se para alguma coisa valerem, serão de qualquer maneira recompensadas: estarei projetando luz sobre a Antiguidade ou sobre a própria natureza.

Que o assunto já foi esmiuçado por outros, bem o sei; mas, se ouso dizê-lo (e digo-o sem afetação), os trabalhos até hoje feitos nesses moldes, embora extensos e fatigantes, quase despojaram a investigação de toda a sua beleza e valor. Homens inexperientes na matéria, sabedores de pouco mais que trivialidades, aplicaram o sentido das parábolas a certas generalizações e observações corriqueiras, sem captar sua verdadeira força, sua adequação genuína e seu alcance profundo. Aqui, no entanto, vereis (se não nos enganamos) que, embora os temas sejam velhos, o tratamento é novo. Afastamo-nos das planícies abertas e avançamos rumo a alturas mais distantes e mais nobres.

A sabedoria dos antigos

I
Cassandra, ou franqueza de linguagem

Narram [os poetas] que Cassandra foi amada por Apolo; que, mediante uma série de artifícios, procurou obstar a seus desejos na esperança de obter dele o dom da divinação; e que, tão logo alcançou esse objetivo por tanto tempo dissimulado, repeliu-lhe francamente a corte. De sorte que, não podendo Apolo retomar-lhe um presente que inconsideradamente prometera, mas ávido de vingança (pois não queria tornar-se o escárnio de uma mulher astuciosa), acrescentou-lhe um castigo: embora destinada a dizer sempre a verdade, ninguém acreditaria nela. Portanto, suas profecias tinham verdade, mas não crédito. Isso ela pôde constatar em tudo, mesmo no tocante à destruição de sua pátria. Fora muitas vezes advertida do que havia de suceder ao país, mas não conseguia fazer que a ouvissem ou acatassem.

Essa fábula parece ter sido concebida para provar quão pouco razoável e útil é a liberdade de dar aviso e conselho. Pois há pessoas de ânimo duro e obstinado que se recusam a aprender de Apolo, o deus da harmonia, como observar a natureza e a medida dos empreendimentos, os tons graves e agudos (por assim dizer) do discurso, as diferenças entre um ouvido douto e um ouvido mouco, o momento de falar e o momento de calar. Tais pessoas, sábias e francas embora, podem dar conselhos sadios e oportunos – mas, por mais que se esforcem para persuadir, quase nenhum bem conseguem disseminar. Ao contrário, antes apressam a ruína daqueles que advertem e só quando os males que predisseram se realizam são celebradas como profetas e videntes. Disso temos exemplo conspícuo em Marco Catão Uticense, que anteviu como num espelho e predisse como por um oráculo o esfacelamento de sua pátria, seguido da tirania nascida primeiro do conluio de Pompeu e César, depois de seu embate. Mas com isso nenhum bem fez; ao contrário, fez o mal com apressar as calamidades da nação. Disse-o com elegância e finura Marco Cícero, em carta a um amigo: *"Cato optime sentit, sed nocet interdum reipublicae: loquitur enim tanquam in republica Platonis, non tanquamin faece Romuli"* ["Catão tem ideias sensatas, mas às vezes prejudica o Estado ao arengar como se estivesse na república de Platão e não na latrina de Rômulo"].

II
Tifão, ou rebeldia

Contam-nos os poetas que Juno, enfurecida por ter Júpiter dado à luz Palas sem sua ajuda, implorou a todos

A sabedoria dos antigos

os deuses e deusas o dom de, também ela, engendrar alguma coisa sem o concurso do marido. E depois que, fartos de suas importunações e violências, eles assentiram, ela calcou a terra e das entranhas sacudidas desta surgiu Tifão, monstro ingente e horrendo. Foi entregue a uma serpente, para que ela o nutrisse. Logo que se viu crescido, moveu guerra a Júpiter. No curso do conflito, Júpiter caiu em poder do gigante, o qual, tomando-o aos ombros, conduziu-o a uma região distante e ignota, cortou-lhe os tendões das mãos e dos pés, e foi-se, lá o deixando inerme e mutilado. Eis que vem Mercúrio; recupera os tendões e devolve-os a Júpiter; este, restaurado de forças, ataca novamente o gigante. Primeiro vibra-lhe um raio, que abre em Tifão uma ferida cujo sangue dá nascença a serpentes; quando o gigante se põe a fugir, arremessa-lhe em cima o monte Etna e esmaga-o.

A fábula foi composta em alusão à fortuna mutável dos reis e às revoltas que espoucam de tempos em tempos nas monarquias. É que reis e reinos, como Júpiter e Juno, são marido e mulher. Mas sucede às vezes que o rei, embrutecido pelo hábito constante do mando, transforma-se em tirano e toma tudo nas mãos. Desdenhando o consentimento dos nobres e do parlamento, "dá à luz", por assim dizer, sozinho – isto é, administra o governo por sua própria autoridade arbitrária e absoluta. Então o povo, vexado, procura instalar um governante de sua escolha. O processo em geral começa pelas sondagens de nobres e dignitários; obtida a sua conivência, tenta-se agitar o povo. Sobrevém então como que uma intumescência no Estado, simbolizada pela infância de Tifão. Essa condição é alimentada e intensificada pela depravação inata e pelo ânimo pervertido do populacho, que é para os reis uma serpente maligna. A defecção se espalha e se transforma em rebelião aberta; e isso, consideradas as calamidades que inflige a reis e povos, é representado pela imagem ameaçadora de Tifão, o qual, com as suas cem cabeças, denota os poderes divididos. Bocas flamejantes aí estão pelas devastações dos incêndios; cintos de víboras, pela pestilência que se instala, sobretudo durante os assédios; mãos de ferro, pelos assassinatos; garras de águia, pela rapina; corpo coberto de penas, pelos eternos rumores, insinuações e coisas semelhantes. Às vezes essas rebeliões se agravam a tal ponto que o rei é coagido, como se arrebatado aos ombros dos sediciosos, a desertar a capital e as cidades principais do reino, concentrar seus exércitos e refugiar-se numa província distante e obscura – pois seus "tendões", tanto os do dinheiro quanto os da majestade, foram seccionados. Mas se conduzir com prudência sua fortuna, recupera esses tendões graças à solércia e ao empenho de Mercúrio; quer dizer, mediante a afabilidade e os decretos avisados, além dos discursos apaziguadores, reconcilia os ânimos dos súditos e desperta neles o afã de garantir-lhe suprimentos, para que recupere o vigor de sua autoridade. Já agora, instruído na prudência e na cautela, nada quer deixar às incertezas da Fortuna e abstém-se do confronto, tentando primeiro alguma empresa memorável que enxovalhe a reputação dos rebeldes. Caso seja bem-sucedido, estes, abalados e inseguros, recorrem para começar a tratados rompidos e írritos, e depois, desesperados de sua causa, empreendem a fuga. Eis o momento – quando suas catervas se esfacelam – para o rei persegui-los e esmagá-los, como sob a massa do Etna, com todos os seus exércitos e recursos.

A sabedoria dos antigos

III
Ciclopes, ou ministros do terror

Narram [os poetas] que os Ciclopes, no começo, foram precipitados por Júpiter no Tártaro e condenados a cadeias eternas em razão de sua arrogância e brutalidade. Mais tarde, entretanto, Júpiter se deixou convencer pela Terra de que era seu interesse libertá-los e empregá-los na confecção dos raios que vibrava. E ele o fez. Os Ciclopes, com laboriosa indústria e ameaçador estrépito, empenharam-se assiduamente na fabricação de raios e outros instrumentos de terror. No curso do tempo, sucedeu que Júpiter se enfurecesse com Esculápio, filho de Apolo, que levantara um homem dos mortos por virtude de sua medicina. Mas como aquele feito fora piedoso e se tornara célebre, sem dar causa a indignação, ele calou sua ira e às ocultas instigou os Ciclopes contra Esculápio. E os Ciclopes facilmente o eliminaram com seus raios. Em vingança disso, Apolo (Júpiter não o proibiu) exterminou-os a flechadas.

Essa fábula parece referir-se às ações dos reis. De início, eles punem e exoneram ministros cruéis, facinorosos e cúpidos. Mas depois, a instâncias da Terra (isto é, de um conselho ignóbil e sem honra), cedem a considerações utilitárias e reconvocam-nos quando precisam de severidade de execução ou implacabilidade de exação. E os ministros, perversos por natureza e exasperados com sua sorte anterior, sabendo muito bem para que foram reconduzidos, esmeram-se nessa espécie de ofício com maravilhosa diligência. Mas, por não tomarem as devidas cautelas e ávidos de locupletar-se, mais cedo ou mais tarde (tomando um aceno ou uma palavra ambígua do rei como garantia) perpetram um ato odioso

27

e impopular. Então o rei, não querendo arcar com as consequências desse ato e ciente de que, a qualquer tempo, poderá contar com quantos de tais instrumentos queira, expele-os e entrega-os ao braço da lei, à vingança dos parentes e amigos das vítimas, e ao ódio popular. Assim, diante do aplauso do povo e das bênçãos efusivas do monarca, encontram, finalmente, posto que tarde, o destino que merecem.

IV

Narciso, ou amor-próprio

Diz-se que Narciso foi um jovem de extrema beleza, mas intoleravelmente soberbo e desdenhoso. Agradado de si mesmo e a todos os mais desprezando, levava vida solitária no cerrado dos bosques e coutadas, em companhia de um pugilo de amigos para quem ele era tudo. E aonde ia, seguia-o uma ninfa chamada Eco. Assim vivendo, chegou certa feita, por acaso, à beira de uma fonte cristalina e (estava-se no pico do dia) debruçou-se; ao divisar nas águas sua própria imagem, perdeu-se numa contemplação e depois numa admiração tão extasiadas de si mesmo que não pôde afastar-se do espectro que mirava e ali ficou paralisado, até que a consciência o abandonou. Foi então transformado na flor que traz seu nome, a qual desabrocha no começo da primavera. É flor sagrada das divindades infernais: Plutão, Prosérpina e as Eumênides.

Nessa fábula representam-se as disposições, e ainda a fortuna, daqueles que, cônscios de uma beleza ou dom que a natureza lhes deu graciosamente, sem atentar para seus méritos, acabam como que se apaixonando por si mesmos. A esse estado de espírito junta-se muitas

A sabedoria dos antigos

vezes o enfado de apresentar-se em público ou tratar de assuntos políticos. É que tais assuntos os exporiam a inúmeras censuras e vilipêndios, capazes de perturbar e abater seu ânimo. Vivem assim vidas solitárias, reservadas e obscuras, rodeados de um círculo modesto de admiradores que concordam com tudo o que eles dizem, como se fossem um eco, e não cessam de bajulá-los. Depravados a pouco e pouco por semelhantes hábitos, inflados de orgulho e aturdidos pela autoadmiração, mergulham em tal desídia e inércia que se atoleimam, perdendo todo o vigor e alacridade. Elegantíssima foi a ideia de escolher a flor da primavera como símbolo de caracteres como esse – os quais, no início da carreira, vicejam e são celebrados, mas desmentem na maturidade as promessas da juventude. O fato de essa flor ser consagrada às divindades infernais também alude ao mesmo ponto, pois homens assim dispostos tornam-se inúteis e imprestáveis para tudo. Aquilo que não dá frutos e, como o navio, passa sem deixar traços, era consagrado pelos antigos às sombras e numes infernais.

V
Estige, ou tratados

É tradição comum, inserida em inúmeras fábulas, a história de um juramento pelos quais os deuses se prendem quando não desejam abrir espaço ao arrependimento. Invocavam não uma majestade celeste ou atributo divino, mas o Estige – rio das regiões infernais que, com suas sinuosidades, cercava o palácio de Dite. Somente essa fórmula sacramental, e nenhuma outra, era tida por segura e inviolável. O castigo da infração – o

Francis Bacon

perjuro seria excluído, por algum tempo, dos banquetes dos deuses – era o que estes mais temiam.

Parece que a fábula foi inventada em alusão aos tratados e à fé dos príncipes. É por demais sabido que, independentemente da solenidade e santidade do juramento feito, eles não se prendem a ele. Costumam mesmo levar em conta muito mais a reputação, a glória e a pompa do que a confiança, a segurança e a eficácia. E até os vínculos de afinidade, que são os Sacramentos da Natureza, e os serviços mútuos prestados não raro se mostram inermes ante a ambição, o interesse e a licença do poder. É que os príncipes podem sempre excogitar pretextos plausíveis, eles, que não se submetem a nenhum arbítrio, para justificar e mascarar sua cupidez e dolo. Adotou-se então um único e universal penhor de fé – e não foi uma divindade celeste, mas a Necessidade, deus supremo dos poderosos, e a segurança do Estado, e a comunhão de interesses. A Necessidade é garbosamente representada pela figura do Estige, rio fatídico do qual não se retorna. É a divindade que o ateniense Ifícrates invocava em testemunho dos tratados. Ora, como falava às claras o que muitos pensam, mas guardam para si, vale a pena citar-lhe as palavras. Vendo que os lacedemônios ruminavam e propunham toda sorte de cautelas, sanções e garantias para consolidar o pacto, aparteou: "Uma só garantia há entre nós, um só compromisso: provai que pusestes tanto em nossas mãos que não podereis prejudicar-nos ainda que o quiserdes". De fato, quando os meios de lesar são removidos ou quando uma ruptura de tratado poria em risco a existência e a integridade do Estado e dos recursos, o pacto pode ser considerado ratificado, sancionado e confirmado como que pelo juramento do Estige: há então perigo de ser-se expelido dos banquetes dos deuses.

A sabedoria dos antigos

Com esse nome os antigos significavam os direitos, prerrogativas, riqueza e felicidade do Estado.

VI
Pã, ou Natureza

(Esta fábula reaparece, ampliada e completada, no Livro II de *De Augmentis Scientiarum*)

Os antigos nos deram, sob os traços de Pã, uma elaborada descrição da natureza universal. Deixam em dúvida sua origem. Alguns o dizem filho de Mercúrio; outros lhe atribuem uma linhagem bem diferente, afirmando que provinha do comércio promíscuo entre Penélope e todos os seus pretendentes. Mas neste último caso o nome de Penélope foi sem dúvida introduzido na fábula original por um autor tardio, não sendo incomum encontrar relatos mais antigos transferidos para pessoas e nomes de data posterior – às vezes de forma absurda e estulta, como aqui. De fato, Pã é um deus antiquíssimo, anterior à época de Ulisses, ao passo que Penélope sempre foi venerada pela castidade. Há, porém, outra versão desse nascimento, que não devemos ignorar: é que alguns o tomam por filho de Júpiter e Híbris, a Insolência.

Qualquer que seja a sua origem, diz-se que as Parcas foram suas irmãs.

Eis como os antigos o descreviam: provido de cornos, cujas pontas alcançavam o céu; o corpo peludo e hirsuto; a barba comprida. Na figura, biforme: a parte superior, humana, a inferior, meio animal, terminada por pés de bode. Como insígnias de poder, trazia na mão esquerda uma flauta de sete tubos, na direita, um cajado com a extremidade superior curvada; trajava uma clâmide feita de pele de pantera. Os poderes e funções a ele atribuídos são os seguintes: é o deus dos caçadores, dos pastores e, de um modo geral, dos camponeses; preside às montanhas; e, depois de Mercúrio, é o mensageiro dos deuses. Nomearam-no ainda chefe e condutor das ninfas, que estavam sempre dançando e folgando à sua volta. Também os Sátiros e seus maiores, os Silenos, integravam o séquito de Pã. Tinha o poder de excitar terrores súbitos, sobretudo os de natureza vã e supersticiosa (por isso mesmo chamados pânicos). As ações que dele se conservaram não são muitas, e a principal é o desafio para lutar que lançou a Cupido – que o derrotou. Apanhou o gigante Tifão numa rede e capturou-o. E dizem que quando Ceres, indignada e lamentosa pelo rapto de Prosérpina, escondeu-se; quando todos os deuses a procuravam afanosamente, recorrendo aos mais diversos meios para encontrá-la, Pã, graças à sua boa fortuna, deu com ela por acaso, enquanto caçava, e revelou seu esconderijo. Teve ainda a petulância de medir-se com Apolo num certame de música, sendo por Midas proclamado vencedor. Essa sentença valeu a Midas o castigo de usar orelhas de burro, embora não precisasse mostrá-las. De Pã não se contam amores, ou contam-se muito poucos, o que naquela turba de deuses exageradamente galantes é de estranhar. Só o que se lhe atribui a esse respeito é a paixão por Eco, considerada às vezes sua esposa, e por uma ninfa chamada Siringa, que lhe valeu ser espancado por Cupido, enraivecido e desejoso de vingança porque o outro o desafiara à luta. Também não teve descendência (o que de novo causa estranheza, pois os deuses, especialmente os machos, eram muito prolíficos), exceto uma filha, uma criadinha chamada Iambe, que costumava divertir os convidados com

A sabedoria dos antigos

histórias ridículas e, segundo afirmam alguns, fora havida de sua esposa Eco.

Nobre fábula esta, entre as que mais o sejam, tão prenhe de mistérios e arcanos da natureza a ponto de estalar.

Pã, como a palavra o diz, representa e anuncia a Universalidade das Coisas, ou Natureza. Sobre sua origem há e só pode haver duas opiniões: pois a Natureza é, ou a progênie de Mercúrio – ou seja, da Palavra Divina, tese que as Escrituras Sagradas estabeleceram para além de qualquer dúvida e foi perfilhada pelos filósofos mais sublimes; ou provém das sementes das coisas, misturadas e confundidas. Quanto àqueles que postulam um princípio único para as coisas, ou o chamam de Deus ou, caso o tomem por um princípio material, afirmam que é realmente um, mas potencialmente muitos. Portanto, qualquer divergência de opinião nesse ponto pode ser reduzida a um dos dois conceitos: o mundo nasceu de Mercúrio ou da caterva de pretendentes.

> No vazio do espaço, as sementes das coisas,
> As sementes da terra, do ar e do mar,
> Às do fogo juntaram-se, e dessa mistura,
> Todos os embriões nasceram, e o mundo
> Aos poucos cresceu para o globo formar.
>
> [Virgílio]

A terceira versão da origem de Pã leva a pensar que os gregos souberam, por intermédio dos egípcios ou outro povo qualquer, alguma coisa dos mistérios hebraicos; pois ela se aplica ao estado do mundo, não em seu nascimento, mas tal qual era depois da queda de Adão, sujeito à morte e à degenerescência. Esse estado foi prole de Deus e do Pecado – e continua a sê-lo. Assim, as três histórias do nascimento de Pã, caso sejam entendidas de acordo com os fatos e as épocas, podem ser conside-radas verdadeiras. Pois é bem verdade que esse Pã, que não nos fartamos de incensar, contemplar e adorar, sur-giu da Palavra Divina por meio da matéria confusa (que também é criatura de Deus), insinuando-se por meio do pecado e da corrupção.

As Parcas, ou destino das coisas, são com muita propriedade representadas como irmãs da Natureza. De fato, as causas naturais são a cadeia que arrasta após si os nascimentos, a duração e a morte de tudo – suas ascensões e quedas, sua labuta e sua felicidade, enfim, a soma dos fados que lhes tocam.

A circunstância de representar-se o mundo com cor-nos, e de esses cornos serem grossos na base e estreitos na ponta, tem relação com a imagem de uma natureza que se alteia em forma de pirâmide. Porquanto os in-divíduos são infinitos e arregimentam-se em espécies, também elas muito numerosas; as espécies se concen-tram em gêneros, os quais, por sua vez, vão integrar gêneros de um tipo superior. Destarte a natureza, con-traindo-se à medida que sobe, parece finalmente encon-trar-se num ponto. Não espanta, pois, que os cornos de Pã arranhem o céu: os picos, ou formas universais da natureza, de certa maneira ascendem para Deus. Vede como a passagem da metafísica para a teologia natural é pronta e breve!

Representa-se o corpo da Natureza, de um modo elegante e verdadeiro, todo coberto de pelos, em alusão aos raios que todos os corpos emitem (com efeito, os raios lembram os cabelos ou cerdas da natureza e quase nada existe que não seja mais ou menos radiante). Isso se pode notar com facilidade no poder da visão e, não menos, nas várias espécies de virtude magnética ou nos fenômenos que ocorrem a distância (pois tudo o que

A sabedoria dos antigos

produz efeito a distância deve sem dúvida emitir raios). Porém, o cabelo de Pã é mais comprido na barba porque os raios dos corpos celestes operam e penetram de uma distância maior que quaisquer outros; e vemos também que o sol, quando sua parte superior está velada por uma nuvem e os raios se projetam da inferior, tem a aparência de uma face barbada.

De novo, o corpo da Natureza é descrito apropriadamente como biforme, levando-se em conta a diferença entre os corpos dos mundos superior e inferior. Os corpos superiores ou celestes são, pela beleza, perfeição e regularidade de seu movimento (bem como pela influência que exercem sobre a terra e tudo o que nela se contém), corretamente apresentados sob forma humana. Mas os outros, em virtude de suas perturbações e inconstância de movimento (e por estarem sob a influência dos corpos celestes), devem contentar-se com a forma animal. A mesma descrição do corpo da Natureza pode ser aplicada igualmente à mescla de uma espécie com outra. Com efeito, nenhuma natureza é simples: tudo parece participar e compor-se de dois elementos. O homem tem algo da fera; a fera tem algo do vegetal; o vegetal tem algo da substância inanimada – de sorte que todas as coisas, em verdade, são biformes e compostas de uma espécie superior e de uma espécie inferior. Engenhosíssima também é a alegoria dos pés de bode, que alude ao movimento ascensional dos corpos terrestres, que buscam as regiões do ar e do céu. O bode, de fato, é um animal que sobe encostas e gosta de pender das rochas e precipícios. Essa mesma tendência é revelada, de modo estupendo, por substâncias que pertencem propriamente ao mundo inferior – as nuvens e os meteoros, por exemplo.

As insígnias nas mãos de Pã são de dois tipos: um de harmonia, outro de império. A flauta de sete tubos indica,

35

Francis Bacon

evidentemente, a harmonia e concerto das coisas, essa concórdia mista de discórdia que resulta dos movimentos dos sete planetas. Também o cajado de ponta curva é uma metáfora nobre, que exprime o reto e o torto da natureza. Mas esse cajado começa a curvar-se quase na extremidade porque as obras da Divina Providência neste mundo são forjadas de maneira sinuosa e indireta – quando uma coisa parece estar sendo feita e outra é que o está, como o caso da venda de José no Egito e outros mais. Assim, em todos os governos sábios, os que tomam o leme terão mais êxito em introduzir e implantar projetos benéficos para o povo graças a pretextos e meios indiretos do que às claras. Por isso o cetro ou bastão de império é sempre curvado na extremidade. Diz-se, com finura, que a clâmide ou manto de Pã é feita de pele de pantera, em razão das manchas espalhadas por sua superfície. É que o céu é semeado de estrelas, o mar de ilhas, a terra de flores; e mesmo certos objetos têm superfície variegada, que é para eles como que um manto ou clâmide.

Nada explica melhor a função de Pã que o epíteto de deus dos caçadores: toda ação natural, todo movimento e todo processo da natureza nada mais são que uma caçada. As ciências e as artes caçam suas obras, as decisões humanas caçam seus objetivos e todas as coisas da natureza ou caçam alimento, que é como caçar presa, ou prazeres, que é como caçar recreação. E também aqui, segundo métodos habilidosos e solertes.

> O leão persegue o lobo; o lobo persegue o cordeiro;
> O cordeiro persegue a erva por vales e colinas.

Pã é, igualmente, o deus dos camponeses, pois estes vivem mais de acordo com a natureza, enquanto, nas cidades e cortes, a natureza é corrompida pelo excesso de

A sabedoria dos antigos

cultura. Por isso é verdadeiro o que o poeta disse de sua amante: *A menina, em si, é a menor parte dela mesma.*

Por outro lado, Pã preside às montanhas, ao que se diz: é nas montanhas e lugares elevados que a natureza das coisas mais se expande e mais se presta à observação ou estudo. Quanto a ser Pã, depois de Mercúrio, o mensageiro dos deuses, eis aí uma alegoria verdadeiramente sublime, porquanto, a seguir à Palavra de Deus, a própria imagem do mundo é o grande arauto da sabedoria e bondade divina. Canta o salmista: *Os céus proclamam a glória de Deus e o firmamento revela sua obra.*

Pã deleita-se com as ninfas, quer dizer, com as almas. As almas dos vivos são o gáudio do mundo. Bem se afirma que Pã as conduz, pois cada qual segue a orientação de sua natureza vária, dançando e brincando em torno dela com infinita multiplicidade, cada qual à moda de sua terra e com um movimento que não cessa nunca. Na companhia delas vemos ainda os Sátiros e Silenos – a velhice e a mocidade, já que todas as coisas experimentam tempos jubilosos e saltitantes, como também tempos tristes e claudicantes. Todavia, a quem as examina serenamente, as atitudes de cada idade talvez pareçam, como a Demócrito, ridículas e deformadas como um sátiro ou um sileno.

Com os terrores pânicos, propôs-se uma doutrina profundíssima. Pela natureza das coisas, toda criatura viva foi dotada com um certo medo ou precaução, cuja finalidade é preservar sua vida e essência, evitando e repelindo os males que se acercam. Mas essa mesma natureza não sabe guardar as medidas e, juntamente com os medos salutares, mistura sempre temores vãos e sem causa. Assim, se se pudesse ver no âmago das coisas, todas elas se mostrariam repletas de terrores pânicos – as humanas mais que as outras, infinitamente agitadas e

Francis Bacon

perturbadas pela superstição, que nada mais é que um terror pânico, sobretudo em tempos de penúria, ansiedade e vicissitude.

Quanto à audácia de Pã em desafiar Cupido à luta, significa que a matéria não está isenta de certa propensão e afã de dissolver o mundo para voltar ao caos primitivo. Porém, a força de coesão das coisas, representada por Cupido ou Amor, anula a sua vontade e barra os seus esforços nessa direção, restaurando a ordem. Foi, pois, conveniente para o homem e para o mundo que Pã acabasse derrotado na contenda. A mesma ideia está presente no episódio em que Tifão cai numa rede: sejam quais forem as enormes e estranhas perturbações (e Tifão significa isso mesmo) que periodicamente assolam a natureza – do mar, das nuvens, da terra ou de algum outro corpo –, todas essas exuberâncias e irregularidades terminam naturalmente apanhadas e confinadas numa rede inextricável, presas como que por uma cadeia adamantina.

Em relação à história da descoberta de Ceres, reservada a esse deus enquanto caçava e negada aos demais, embora estes diligentemente a procurassem, contém uma advertência oportuna e sábia: a invenção de coisas úteis e agradáveis à vida, como o trigo, não deve ser empreendida pelas filosofias abstratas (os grandes deuses, ainda que reservem a soma de seus poderes a essa tarefa especial), mas apenas por Pã – isto é, pela experiência sagaz e pelo conhecimento universal da natureza que, numa espécie de acidente (como durante uma caçada), acabam dando com elas.

O concurso de música e seu desfecho exibem também uma teoria ampla, feita para restringir e reduzir à sobriedade o orgulho e a desenfreada confiança na razão e juízo humanos. Parece mesmo que existem dois tipos

A sabedoria dos antigos

de harmonia e música: uma vem da providência divina, a outra, da razão humana. Para o juízo dos homens – para, digamos, as orelhas dos mortais –, o governo do mundo e da natureza, bem como os secretíssimos arbítrios de Deus, parecem às vezes desafinados e toscos; e, posto ser isso ignorância, denunciada por orelhas de burro, tais orelhas ficam escondidas e não se mostram à face do mundo – pois não se trata de algo que o vulgo observe e considere como uma deformidade.

Enfim, é lícito que não se atribuam amores a Pã, exceto seu casamento com Eco. O mundo a si próprio se usufrui e às coisas nele contidas. Ora, quem ama deseja alguma coisa, e onde há abundância de tudo não há lugar para o desejo. Por isso não deve o mundo ter amores nem desejos (pois contenta-se consigo mesmo), a menos que se trate de palavras. E palavras são a ninfa Eco ou, quando mais exatas e ponderadas, Siringa. E é bem que, de todas as palavras ou vozes, somente Eco fosse escolhida para esposa do mundo. Pois ela constitui de fato a verdadeira filosofia que repete com fidelidade a voz do próprio mundo e, por assim dizer, é escrita a seu ditado: nada mais sendo que sua imagem e reflexo, ela apenas reproduz e ecoa sem nada acrescentar. Que o mundo não tenha prole é outra alusão à suficiência e perfeição dele nele mesmo. A geração ocorre entre as partes do mundo, mas como poderia o todo engendrar se, fora do todo, nenhum corpo existe? Quanto àquela pobre mulherzinha, suposta filha de Pã, trata-se de um acréscimo à fábula, mas muito pertinente e sagaz: nela se encarnam as doutrinas vazias sobre a natureza das coisas, que se disseminam em todas as épocas pelo mundo afora – doutrinas infecundas, de gênero abastardado, mas por sua garrulice às vezes divertidas, às vezes molestas e importunas.

39

Francis Bacon

VII
Perseu, ou guerra

(Esta fábula reaparece, ampliada e completada, no Livro II de *De Augmentis Scientiarum*)

Conta-se que Perseu foi enviado por Palas para degolar Medusa, flagelo de inúmeros povos dos confins da Ibéria – monstro tão terrível e ameaçador que apenas sua vista transformava os homens em pedra. Medusa era uma das Górgonas, a única mortal, pois as outras não estavam sujeitas ao devir. A fim de desobrigar-se de tão nobre empresa, recebeu de três deuses armas e dons: Mercúrio deu-lhe asas para os pés; Plutão, um elmo; Palas, um escudo e um espelho. Mas, mesmo estando assim tão bem provido e equipado, não avançou contra Medusa diretamente, preferindo antes desviar-se do caminho e visitar as Graias. Eram estas meias-irmãs das Górgonas e já haviam nascido velhas, de cabelos brancos. Tinham um único olho e um único dente para todas, que usavam por turnos: cada qual os punha quando saía e os tirava quando voltava. Emprestaram a Perseu o olho e o dente. Agora, julgando-se suficientemente munido para a missão, voou ao encontro de Medusa. Encontrou-a adormecida; e, temendo contemplá-la caso ela despertasse de súbito, pôs-se de costas e observou-a pelo espelho, valendo-se do reflexo para cortar-lhe a cabeça. Do sangue que correu da ferida, nasceu imediatamente o alado Pégaso. Perseu fixou a cabeça ensanguentada no escudo de Palas, onde ainda conservou o poder de petrificar, deixando como que fulminadas ou sideradas as pessoas que a olhassem.

A fábula parece ter sido composta em referência à arte judiciosa de conduzir a guerra. Em primeiro lugar,

A sabedoria dos antigos

para o tipo de guerra que se vai escolher, ela fornece (como se fora um conselho de Palas) três preceitos sólidos e prudentes que orientem a deliberação.

O primeiro: não se insista no domínio de nações vizinhas. A regra que preside ao aumento do patrimônio não se aplica à extensão dos impérios. No caso da propriedade privada, a proximidade das glebas tem importância; mas, para ampliar um império é preciso considerar não a vizinhança, mas o momento oportuno, as facilidades de condução da campanha e o valor da conquista. Vemos que os romanos, mal havendo penetrado a Oeste, para além da Ligúria, já haviam invadido e anexado a seu império províncias orientais tão distantes quanto o Monte Tauro. Por isso, Perseu, sendo embora do Leste, não recusou uma expedição às partes mais remotas do Oeste.

O segundo: haja uma causa justa e honrosa para a guerra. Isso insufla entusiasmo nos soldados e no povo, que deve arcar com os suprimentos; abre caminho às alianças; concilia amigos e apresenta muitas outras vantagens. Ora, não existe causa mais sagrada para a guerra do que a abolição de uma tirania sob a qual gemem os súditos, sem espírito nem vigor, como que transformados em pedra pelo semblante de Medusa.

O terceiro (aditamento prudente): embora haja três Górgonas (que representam guerras), Perseu escolheu a que era mortal, ou seja, optou por uma guerra que podia ser conduzida e rematada, evitando meter-se em empreendimentos desmesurados e esperanças descabidas.

O equipamento de Perseu era daqueles que são tudo na guerra e, por assim dizer, asseguram o êxito, pois recebeu presteza de Mercúrio, sigilo de Plutão e providência de Palas. Não deixa de ter significado alegórico, e dos mais incisivos, o fato de as asas serem para os pés e não para os ombros. É que não se exige tanta velocidade no primeiro ataque quanto no que se lhe segue para sustentá-lo. Com efeito, o erro mais comum nos combates é dar às ações secundárias e subsidiárias um vigor menor que o da carga inicial. Há, ainda, uma distinção engenhosa implícita nas imagens do escudo e do espelho (pois o elmo de Plutão, que torna os homens invisíveis, não precisa de explicação). Dois são os tipos de olhar. Não devemos nos contentar com aquele que age como um escudo, mas recorrer também ao outro, que nos capacita (como o espelho de Palas) a perscrutar as forças, os movimentos e os planos do inimigo.

Mas Perseu, embora estuante de força e coragem, precisa de mais alguma coisa antes de abrir as hostilidades, uma coisa da máxima importância: deve procurar as Graias. Essas Graias não passam de traições. São, em verdade, irmãs da guerra, mas não irmãs germanas, que o mesmo é dizer: seu nascimento é menos nobre. A guerra mostra-se generosa; a traição, degenerada e torpe. Temo-las primorosamente descritas, em alusão aos cuidados e hesitações perpétuas dos traidores, como avelhentadas e encanecidas desde o nascimento. Seu poder, antes que se deem abertamente à revolta, jaz ou no olho ou no dente, porquanto as facções, uma vez alienadas do Estado, espiam e mordem. O olho e o dente são, por assim dizer, comuns a todas elas: o olho, porque as informações passam de uma a outra, circulando por todo o partido; o dente, porque elas mordem com a mesma boca e pregam a mesma peta – ouvindo-se uma, ouviram-se todas. Assim, Perseu deve aliciar as Graias para que lhe confiem o olho e o dente – o primeiro, para recolher informação; o segundo, para disseminar rumores, suscitar invejas e transtornar o espírito do povo.

Isso posto, passemos à guerra em si. Perseu encontra Medusa adormecida, isto é, o general prudente sempre

A sabedoria dos antigos

surpreende seu inimigo despreparado e inerme. Agora é preciso recorrer ao espelho de Palas. Muitos há, com efeito, que antes da hora do perigo podem observar atenta e meticulosamente os movimentos do adversário; mas o espelho se usa no instante exato do perigo, para que examinemos sua natureza sem nos deixarmos abalar pelo medo. Isso é representado pelo olhar indireto.

Ao desfecho da guerra seguem-se duas consequências: o nascimento e a partida imediata de Pégaso, que denotam à saciedade a fama a espraiar-se em voo para celebrar a vitória; e, em segundo lugar, a fixação da cabeça de Medusa ao escudo, incomparavelmente a melhor de todas as salvaguardas. Um único feito brilhante e memorável, se bem conduzido e bem realizado, basta para paralisar todos os movimentos do inimigo e calar a maledicência.

VIII
Endimião, ou o favorito

Reza a lenda que o pastor Endimião era amado pela Lua. Mas o contato de ambos era de natureza estranha e inaudita. Enquanto ele repousava, segundo seu hábito, numa caverna natural sob os penhascos de Latmos, a Lua descia do céu, beijava-o adormecido e volvia ao céu novamente. Mas esse ócio e esse sono não o prejudicavam, pois a Lua, entrementes, de tal modo dispusera as coisas que seus carneiros engordavam e se multiplicavam a olhos vistos. Nenhum outro pastor possuía mais e melhores.

A fábula se refere, cuido eu, às disposições e esquisitices dos príncipes. Estes, com efeito, remoendo ideias e suspeitas, não admitem facilmente ao seu convívio homens perspicazes e curiosos, que estão sempre atentos e nunca dormem. Preferem os de caráter brando e complacente, que obedecem sem perguntar, parecem ignorantes e obtusos, e estão como que adormecidos. Acatam e não esmiúçam. Com criaturas desse jaez os príncipes sempre se mostram afáveis, prontos a descer de sua grandeza como a Lua do céu. Então podem depor a máscara, cujo uso contínuo se lhes torna um fardo, e palestrar familiarmente, pois creem fazê-lo em segurança. Essa era uma feição notória em Tibério César, príncipe de trato dificílimo. Só favorecia aqueles que, embora o compreendessem, exibiam sua sapiência de um modo tão finório que parecia estupidez. O mesmo se observava em Luís XI de França, rei cauteloso e solerte. Também a caverna, na qual, segundo a fábula, costumava descansar Endimião, é uma imagem sutil. Aqueles que gozam do favor dos príncipes possuem comumente um retiro aprazível aonde os gostam de convidar, a fim de fruírem os prazeres do ócio e da leveza de espírito, longe dos encargos que sua posição lhes impõe. Sabe-se que os favoritos dessa casta são em geral bem-sucedidos em seus negócios particulares, porquanto os príncipes, ainda que não os cumulem de honrarias, dispensam-lhes seus favores por afeição verdadeira e não por motivos utilitários, enriquecendo-os frequentemente com o produto de seus butins.

IX
A irmã dos Gigantes, ou Fama

Lembram-nos os poetas que os Gigantes, gerados pela Terra, moveram guerra a Júpiter e aos deuses, sendo dispersados e derrotados pelos raios. Então, a Terra, irritada com a cólera dos deuses, gerou a Fama, a mais nova irmã dos Gigantes, a fim de vingar-se.

Eis, ao que parece, o significado da fábula: pela Terra, entende-se a natureza da gente comum, sempre cheia de malícia em relação a seus governantes e pronta a atiçar revoluções. Isso, em certas ocasiões, engendra rebeldes e sediciosos, que com espantosa audácia tentam derrubar os príncipes. Uma vez suprimida, essa mesma natureza do vulgo, ainda apegada ao partido mau e inquieta, dá nascença a rumores e murmurações malignas. Assim, acusações impertinentes, libelos difamatórios e coisas do mesmo gênero procuram indispor o povo contra as autoridades do país. A fama sediciosa difere do ato de rebeldia não em raça ou parentesco, mas apenas em sexo: uma é feminina; a outra, masculina.

X
Acteão e Penteu, ou curiosidade

A curiosidade e o apetite malsão do homem pela descoberta de segredos foram recriminados pelos antigos em dois exemplos: o de Acteão e o de Penteu. O primeiro, surpreendendo sem querer e por acaso Diana nua, transformou-se em cervo e acabou despedaçado por seus próprios cães. Penteu, que subiu a uma árvore para deslindar os mistérios de Baco, foi ferido de loucura. Eis a forma dessa enfermidade: pensava que tudo era duplo; via dois sóis e duas cidades de Tebas, de sorte que, quando se dirigia para lá, avistava outra às suas costas e voltava. Ia e vinha continuamente, sem repouso.

A primeira fábula parece referir-se aos segredos dos príncipes; a segunda, aos segredos da divindade. Aquele que se inteira dos projetos dos príncipes, contra a von-

Francis Bacon

tade deles, incorre em sua cólera; por isso, sabedor de que está marcado e de que se planeja a sua perda, passa a viver uma vida de cervo, cheia de temores e suspeições. E sucede muitas vezes que seus próprios criados e domésticos, para propiciar as larguezas dos príncipes, o acusem e o percam. É que, sendo manifesto o desgosto dos poderosos, raramente um homem deixa de ser traído pelos seus. Só pode esperar, nesse caso, a sorte de Acteão.

A desgraça de Penteu é de outro tipo. A inconstância perpétua e o juízo vacilante são o castigo daqueles que, com criminosa audácia e esquecidos de sua condição mortal, aspiram às culminâncias da natureza e da filosofia, como se subissem a uma árvore para devassar os mistérios divinos. Dado que uma coisa é a luz da natureza e outra a luz da divindade, eles são como homens que veem dois sóis; e, como os atos da vida e as determinações da vontade dependem do intelecto, segue-se que ficam perplexos tanto na vontade quanto no tirocínio, e inconsistentes consigo mesmos. Nesse sentido é que avistam duas Tebas, porque Tebas significa o alvo e a finalidade de nossas ações (Tebas é o lar e o refúgio de Penteu). Tais homens não sabem, pois, que rumo tomar, e inseguros quanto à essência das coisas, erram de um lugar para outro segundo os impulsos do momento.

XI
Orfeu, ou Filosofia

A história de Orfeu, que embora muito conhecida não tem sido em todos os pontos interpretada corretamente, parece representar a Filosofia Universal. Pois Orfeu, homem admirável e verdadeiramente divino,

A sabedoria dos antigos

que, senhor das harmonias, subjugava e arrastava após si todas as coisas graças às suas cadências doces e gentis, pode bem passar por uma personificação da filosofia. Assim como as obras do saber ultrapassam em dignidade e vigor as obras da força, os feitos de Orfeu superam os trabalhos de Hércules.

Orfeu, movido pelo afeto à esposa que a morte prematuramente lhe arrebatara, resolveu descer ao Hades e pedi-la de volta aos Manes, fiado no poder suasório de sua lira. Não se decepcionou. Os Manes, aplacados pela maviosidade de seus cantos e modulações, consentiram que levasse a esposa consigo. Mas com uma condição: ela caminharia atrás dele e Orfeu não deveria contemplá-la até alcançarem os umbrais da luz. Porém, Orfeu, na impaciência e ansiedade do amor, não teve mão em si; antes que chegassem ao limiar de segurança, voltou-se. Fora rompido o pacto; ela imediatamente desapareceu de sua face e retornou às sombras. Desde então, Orfeu vagueou por sítios solitários, melancólico e avesso aos olhares das mulheres. Mas ali, pela mesma graciosidade de seu canto e execução, continuava a arrebatar as feras, e de tal modo que elas, esquecendo a própria natureza, calmando a ferocidade e a disputa, não mais acicatadas de fúria e lascívia, adormecidas a fome e a gana de predar, rodeavam-no pacíficas e mansas como num teatro, atentas unicamente às harmonias de sua lira. E havia mais: tamanho era o poder da música de Orfeu que movia os bosques e rochedos, os quais vinham humilde e ordeiramente perfilar-se à sua volta. Isso durou algum tempo, com próspero sucesso e conspícua admiração; mas eis que algumas mulheres trácias, açuladas por Baco, se apresentaram; sopraram suas trompas com tão formidável alarido que a música de Orfeu não mais se ouvia. Desfeitos, pois, os laços de

47

ordem e sociabilidade que ali imperavam, a confusão se instalou novamente. As feras regrediram às suas naturezas várias e deram-se caça como antes. Rochedos e bosques debandaram. E o próprio Orfeu foi despedaçado pelas mulheres furiosas, que lhe espalharam os membros pelos campos. À notícia dessa morte o Helicão, rio sagrado das Musas, escondeu indignado suas águas sob a terra, para só reaparecer a distância.

Eis o provável sentido da fábula. O canto de Orfeu é de dois tipos: um deles propicia as potências infernais, o outro comove as feras e os bosques. Entende-se melhor o primeiro em referência à filosofia natural; o segundo, à filosofia moral e política. Com efeito, a filosofia natural se propõe nada menos, como a mais nobre das missões, que a restauração das coisas corruptíveis e (o que vem a ser o mesmo em grau inferior) a preservação dos corpos no estado atual, com retardamento da dissolução e corrupção. Ora, se tal se pode conseguir, só o será por um equilíbrio sutil das partes da natureza, como na harmonia e ajustamento perfeito das cordas da lira. No entanto, sendo essa a mais difícil das coisas, geralmente se lhe frustra o intento; e frustra-se (o que é muito verossímil) não mais que em razão dos arroubos de curiosidade prematura desencadeados pela impaciência e a solicitude. Então a Filosofia, não se sentindo à altura de tão formidável tarefa, volta-se tristemente para os negócios humanos. E, aplicando seus poderes de persuasão e eloquência para incutir no espírito dos homens o amor à paz, à virtude e à equidade, ensina os povos a unir-se, aceitar o jugo das leis e curvar-se à autoridade. Assim esquecem eles os apetites desenfreados, passando a acatar os preceitos e a disciplina. Seguem-se logo a construção de edifícios, a fundação de cidades, o plantio de árvores em campos e jardins. Dir-se-ia então que as

A sabedoria dos antigos

pedras e os troncos são chamados e vêm. Essa aplicação da Filosofia a assuntos civis é muito bem representada, segundo a ordem normal das coisas, como um evento posterior à tentativa insensata e ao fracasso final da experiência de devolver os corpos à vida. Pois o reconhecimento lúcido da inevitabilidade da morte leva os homens a buscar a vida eterna por mérito e nomeada. Também se acresceu com finura à fábula a circunstância de Orfeu ser arredio às mulheres e ao matrimônio. É que as doçuras do casamento e os cuidados dos filhos geralmente afastam os homens dos grandes e excelsos feitos em prol do Estado: eles se contentam com a imortalidade da raça e dispensam a imortalidade das obras.

Se as realizações da sabedoria contam-se, porém, entre os trabalhos humanos mais excelentes, também elas padecem tempos adversos. Sucede que, após períodos de prosperidade, alguns reinos e repúblicas passam por revoluções, motins e guerras – em meio a cujo estridor silenciam as leis, os homens regridem à condição depravada de sua natureza e a desolação se assenhoreia dos campos e cidades. A durarem as perturbações, não tarda que as letras e a filosofia sejam de tal modo dilaceradas que delas só se podem achar fragmentos, dispersos aqui e ali como destroços de naufrágio. Sobrevêm tempos de barbárie e as águas do Helicão se abismam sob a terra até que, segundo a inexorabilidade das coisas, reapareçam em plagas outras que não mais a sua.

XII
Celo, ou origem

Narram os poetas que Celo é o mais antigo dos deuses. Seus genitais foram cortados pelo filho Saturno com uma harpe. O próprio Saturno teve prole numerosa, mas devorava os filhos logo que nasciam. O único a escapar a esse destino foi Júpiter, que, atingida a idade adulta, tomou posse do reino após encerrar o pai no Tártaro, não sem antes amputar-lhe os órgãos da geração com a mesma harpe que Saturno vibrara contra Celo e arremessá-los ao mar. Deles nasceu Vênus. Dizem ainda [os poetas] que mais tarde a solidez do poder de Júpiter passou pela prova de duas guerras memoráveis. A primeira foi a dos Titãs, cujo próspero desfecho se deveu em muito à assistência do Sol, único Titã que combatia por Júpiter. A segunda, a guerra dos Gigantes, igualmente derrotados pelas armas e raios do deus. Depois disso, Júpiter reinou em segurança.

A fábula parece um enigma referente à origem das coisas, não muito diverso da filosofia ensinada mais tarde por Demócrito. Este, mais abertamente que qualquer outro, postulou a eternidade da matéria e ao mesmo tempo negou a eternidade do mundo. Nesse ponto, aproximou-se um pouco da verdade proposta pela narrativa divina, que declara existente antes das obras dos seis dias a matéria informe.

Eis como se pode interpretar a fábula. Por Celo, entende-se a concavidade ou circunferência que encerra toda a matéria. Por Saturno, a própria matéria que, pelo fato de sua soma total permanecer sempre a mesma e a quantidade absoluta da natureza não sofrer nem acréscimo nem diminuição, como que privou seu pai de quaisquer possibilidades de voltar a gerar. As agitações e movimentos da matéria produziram, em princípio, estruturas imperfeitas e incoerentes, que não se ajustavam entre si – meras tentativas de mundos. Com o passar do tempo, porém, surgiu um arcabouço capaz de sustentar-se e conservar sua forma. Dessas duas divisões do

A sabedoria dos antigos

tempo, a primeira é simbolizada pelo reino de Saturno, o qual, em virtude das frequentes dissoluções e curta duração das coisas na época, foi chamado o devorador dos filhos. A segunda, pelo primado de Júpiter, que pôs termo às mudanças contínuas e transitórias, arremessando-as para o Tártaro – quer dizer, para o lugar da perturbação. Esse sítio parece localizar-se entre as partes mais baixas do céu e as regiões mais entranhadas da terra; grassam ali a turbulência, a fragilidade, a mortalidade e a corrupção. Enquanto o antigo sistema de geração persistiu, sob o reino de Saturno, Vênus ainda não nascera. Pois sendo a discórdia, no quadro universal da matéria, mais forte que a harmonia e sobre ela prevalecendo, não poderia haver mudança exceto no todo. E dessa maneira prosseguiu a geração das coisas, antes da mutilação de Saturno. Mas, logo que cessou, sucedeu-se-lhe imediatamente a outra, que depende de Vênus e caracteriza um estado no qual a concórdia se faz poderosa e válida, quando então a mudança ocorre por partes, ficando o todo inteiro e inconcusso. No entanto, diz-se que Saturno foi destronado e expulso, não aniquilado e extinto. Com efeito, pensava Demócrito que o mundo poderia retroagir à antiga confusão nos intervalos de desgoverno, evento que Lucrécio não desejava que ocorresse em seu tempo:

> Possa afastá-lo de nós a fortuna que tudo governa,
> E conheçamo-lo pela razão, não pela experiência.

Mas mesmo depois que o mundo estabilizou sua massa e força de movimento, ainda não havia quietude. Primeiro ocorreram vários distúrbios nas regiões do céu; porém, estas, graças ao poder do Sol que ali predominava, compuseram-se de tal maneira que o mundo conservou seu estado. Depois, da mesma maneira, convulsionaram-se as regiões inferiores com inundações, tempestades, ventos e terremotos mais generalizados do que vemos hoje. E quando também eles cederam e se dispersaram, as coisas finalmente adquiriram uma condição mais estável de consenso e harmonia.

Deve-se dizer de tudo isso, entretanto, que, assim como há filosofia na fábula, há fábula na filosofia. Pois sabemos (pela fé) que semelhantes especulações não passam de oráculos cujo sentido há muito se perdeu. Verdadeiramente, o mundo, a matéria e a estrutura são obra de Deus.

XIII
Proteu, ou matéria

Proteu, a crermos nos poetas, era pastor de Netuno. Era velho e profeta. Mas profeta de tal jaez e excelência que sabia não só o futuro como o passado e o presente. Por isso, além de seu poder de divinação, exercia o mister de mensageiro e intérprete das coisas e segredos antigos. Morava numa caverna imensa. Era seu costume, ao meio-dia, contar seu rebanho de focas e em seguida dormir. Se alguém necessitasse da ajuda dele, a única maneira de consegui-la seria atar-lhe as mãos e acorrentar-lhe o corpo. Então Proteu, forcejando por libertar-se, transformava-se em toda sorte de formas estranhas – fogo, água, feras etc., até finalmente voltar à figura original.

O sentido da fábula refere-se, segundo parece, aos segredos da natureza e aos estados da matéria. Sob os traços de Proteu, representa-se a Matéria – a mais antiga das coisas depois de Deus. Ora, ela tem sua morada sob a abóbada do firmamento, como numa caverna. Pode

A sabedoria dos antigos

ser chamada serva de Netuno, na medida em que todas as suas operações e dispersões ocorrem principalmente nos líquidos. O rebanho de Proteu não parece ser outra coisa que as espécies comuns de animais, plantas, minerais etc., nas quais se pode dizer que a natureza se difunde e se esgota – a tal ponto que, tendo moldado e definido aquelas espécies, parece dormir e repousar, como se a tarefa já estivesse cumprida, sem tentar engendrar outras mais. Isso é representado pela imagem de Proteu a contar seu rebanho e em seguida adormecer. Ora, afirma-se que tal acontecia não de manhã ou à tarde, mas ao meio-dia; quer dizer, quando chegava a hora exata de completar e dar vida às espécies surgidas da matéria já preparada e predisposta. Esse, com efeito, é o ponto mediano entre os primeiros rudimentos e o declínio das criaturas. Sabemos, ademais, pelos escritos sagrados, que tal se deu no próprio instante da criação. Por virtude da divina palavra *producat* a matéria se estruturou ao comando do Criador, não segundo seus próprios processos tortuosos, mas imediatamente, levando à perfeição sua obra e constituindo de uma vez as espécies. Aqui acaba a história de Proteu, libertado e novamente com seu rebanho. Pois este universo de inumeráveis espécies enquadradas em suas estruturas ordinárias é apenas a face da substância desimpedida e livre, com sua grei de criaturas materiais. Mas se um habilidoso ministro da Natureza tentar violentar a matéria, molestá-la e levá-la a extremos como se a quisesse reduzir a nada, essa matéria (dado que o aniquilamento ou destruição real só são possíveis pela onipotência de Deus), vendo-se em apuros, assumiria formas bizarras, indo de mudança em mudança até completar o ciclo; se a violência prosseguisse, retornaria finalmente à forma primitiva. A coação e o aprisionamento são mais eficientes e fáceis se a

Francis Bacon

matéria for capturada e manietada: ou seja, presa pelos extremos. E se se diz na fábula que Proteu era profeta e conhecia os três tempos, também isso se aplica bem à natureza da matéria: porquanto, se um homem conhecesse as condições, afecções e processos da matéria, entenderia sem dúvida a soma (não, porém, as partes e singularidades) das coisas que foram, são e serão.

XIV
Memnão, ou o prematuro

Memnão, segundo os poetas, era filho da Aurora. Insigne pela beleza das armas e grande pela nomeada, partiu para a guerra de Troia. Velocíssimo e corajoso no mais alto grau, enfrentou Aquiles, o mais forte dos gregos, em combate singular e tombou às suas mãos. Apiedado da sorte de Memnão, Júpiter enviou pássaros para gemerem seu funeral com gritos lúgubres e lamentosos. Conta-se mesmo que sua estátua, tocada pelos raios do sol nascente, emitia sons plangentes.

A fábula parece aplicar-se às mortes desafortunadas de jovens promissores. Pois é como se fossem filhos da manhã que, aquinhoados de méritos vãos e exteriores, lançam-se a aventuras além de suas forças, provocam e chamam ao combate heróis esforçadíssimos, tombam na luta desigual e se extinguem. A essas mortes segue-se infinita comiseração, já que de todos os acidentes fatais nenhum há mais lamentável, nenhum tão digno de misericórdia quanto a colheita da flor da virtude antes do tempo. Tão curta é a vida desses jovens que não dá azo à saciedade ou à inveja, as quais mitigariam a dor de seu trespasse e temperariam a compaixão. Não apenas os prantos e as lamentações revoam à roda da pira

A sabedoria dos antigos

funerária quais pássaros lutuosos, como essa dor persiste muito depois de seu passamento – sobretudo quando, sobrevindo incidentes novos, novos movimentos e novos começos, a saudade renasce e se agita, como que tocada pelos raios do sol levante.

XV
Titono, ou saciedade

Formosa fábula, a que se conta de Titono. Estando por ele apaixonada, a Aurora, desejosa de lhe gozar para sempre a companhia, implorou a Júpiter que seu amado jamais morresse. Mas, em seu açodamento de mulher, esqueceu-se de acrescentar à súplica que ele também não padecesse as agruras da idade. De modo que Titono se viu livre da condição mortal. Sobreveio-lhe, porém, uma velhice estranha e miserável, como a que toca àqueles a quem a morte foi negada e que carregam um fardo de anos cada vez mais pesado. Então Júpiter, condoído, transformou-o finalmente em cigarra.

A fábula parece uma pintura engenhosa do Prazer – o qual, no começo (ou de manhã), é tão agradável que os homens facilmente o imaginam infinito, esquecidos de que a saciedade e o enfado descerão inadvertidamente sobre eles como a velhice. Quando, por fim, os homens se tornam incapazes de fruir, conservando embora o desejo e o apetite, entram a arengar e a contar histórias sobre seus gozos de juventude e nisso acham deleite. Outro tanto vemos nos libertinos, que não cessam de repetir contos indecentes, e nos soldados, que repisam eternamente o relato de suas façanhas. É que, como a cigarra, só têm força na língua.

Francis Bacon

XVI
Pretendente de Juno, ou desonra

Contam os poetas que Júpiter, à cata de amores, assumia inúmeras formas diferentes: boi, águia, cisne, chuva de ouro. No entanto, quando cortejou Juno, transformou-se na figura mais ignóbil possível, objeto de desdém e ridículo, a de um mísero cuco saído da tempestade, espantado, trêmulo e semimorto.

Eis aí uma fábula perspicaz, derivada das profundezas da ciência moral. O significado é que os homens não devem cuidar que a ostentação de virtudes e méritos lhes acarretará a estima e o favor de todos, pois isso depende da natureza e caráter daqueles a quem se dirigem. Sendo estes pessoas desapercebidas e sem ornato próprio, dotadas apenas de orgulho e disposição maliciosa (tipo simbolizado por Juno), devem reconhecer que o melhor será despojar-se de tudo quanto alardeie honra ou dignidade, já que seria loucura proceder de outro modo. Não lhes basta descer à vilania e à bajulação, é preciso passarem exteriormente por abjetos e degenerados.

XVII
Cupido, ou átomo

Os relatos dos poetas sobre Cupido, ou Amor, não se aplicam propriamente à mesma pessoa. Porém, a discrepância é tamanha que podemos facilmente descobrir a similitude e a disparidade, aceitando uma e repelindo a outra.

Contam que o Amor era o mais antigo dos numes – portanto, a mais antiga das substâncias exceto o Caos,

A sabedoria dos antigos

que lhe dão por coevo; no entanto, o Caos jamais foi reverenciado pelos antigos com as honras e o nome de um deus. O Amor nos é apresentado sem pais, embora sustentem alguns que nasceu de um ovo posto pela Noite. Ele próprio, a partir do Caos, gerou todas as coisas, incluídos os deuses. Quatro são as suas características: é sempre criança; é cego; anda nu; é arqueiro. Houve outro Amor, o mais jovem dos deuses, filho de Vênus, a quem se transferiram com propriedade os atributos do mais velho.

Essa fábula penetrante relaciona-se ao berço e à infância da natureza. O Amor é, a meu ver, o apetite, o instinto da substância primitiva, ou, melhor ainda, *o movimento natural do átomo*; na verdade, a força única e original que constitui e afeiçoa todas as coisas a partir da matéria. Ora, essa força absolutamente não tem pais; vale dizer, não tem causa. Porque a causa é como que a mãe do efeito e, para tal virtude, não poderia haver causa alguma na natureza (à exceção, como sempre, de Deus). Nada havendo antes dela, não tem causa eficiente; nada havendo de mais original, não tem gêneros nem formas. Seja, pois, ela o que for, é algo de positivo e inexplicável. E ainda que pudéssemos conhecer-lhe o método e o processo, não os conheceríamos do ponto de vista da causa, pois que, depois de Deus, ela é a causa das causas – sem ter causa ela própria. E que ao menos o método de sua ação venha a cair no âmbito e alcance do entendimento humano, eis o que talvez não passe de esperança vã. Com boa razão, portanto, representam-na como um ovo posto pela Noite. Tal é, decerto, a opinião do filósofo sagrado quando afirma: "Deus fez belas as coisas segundo suas estações e submeteu o mundo ao escrutínio do homem; mas de tal sorte que o homem não possa conhecer a obra que Deus realizou do começo ao fim". De

Francis Bacon

fato, a lei sumária da natureza, aquele impulso de desejo que o Criador imprimiu às partículas elementares da matéria e que as fez juntar-se a fim de engendrarem, por repetição e multiplicação, a variedade do mundo, constitui um mistério que o intelecto mortal pode sondar, mas não apreender.

Ora, o filósofo grego, que ao perquirir os princípios materiais das coisas mostra-se zeloso e arguto, ao investigar os princípios do movimento, em que jaz toda a força da operação, faz-se descuidado e displicente. No ponto que ora examinamos, parece mesmo cego e tateante. Com efeito, a opinião dos peripatéticos que refere o impulso original da matéria à privação não passa de palavras – um nome, não uma descrição. E aqueles que o referem a Deus, embora nisso andem muito certos, sobem aos pulos e não por degraus. É que, sem dúvida alguma, impera uma única e sumária lei em que a natureza repousa, sujeita a Deus: a mesma que, no texto citado, se expressa nas palavras "a obra que Deus realizou do começo ao fim". Demócrito examinou a matéria com mais profundeza; e, após dar ao átomo, num primeiro momento, dimensão e forma, atribuiu-lhe em seguida um desejo primário (ou movimento) simples e absoluto, e outro relativo. Pensava, com efeito, que todas as coisas se movem por si mesmas rumo ao centro do mundo; entretanto, a que possuísse maior quantidade de matéria, movendo-se com mais rapidez, chocar-se-ia com a que possuísse menos e forçá-la-ia em sentido contrário. Essa, porém, é uma teoria limitada, concebida em referência a um número ínfimo de partículas. Não parece, de fato, que nem o movimento circular dos corpos celestes nem os fenômenos da contração e da expansão possam ser reduzidos a esse princípio ou com ele harmonizar-se. Quanto ao parecer de Epicuro sobre a

A sabedoria dos antigos

declinação e agitação fortuita do átomo, não é mais que uma recaída na leviandade e ignorância. Fica assim claro que a ascendência de Cupido está oculta na noite.

Consideremos agora seus atributos. Vemo-lo sutilmente descrito como uma criança, e criança para sempre; é que as coisas compostas são maiores e deixam-se afetar pela idade, ao passo que as sementes originais das substâncias, ou átomos, são diminutas e permanecem em eterna meninice.

Com mais verdade ainda no-lo representam nu: todos os compostos, a bem considerá-los, apresentam-se mascarados e vestidos, nada havendo de propriamente nu exceto as partículas primevas das coisas.

Também a cegueira de Cupido revela um significado alegórico prenhe de sabedoria. Pois parece que Cupido, seja ele quem for, é pouquíssimo previdente: dirige seu curso como um cego tateante, guiando-se por aquilo que tem à mão. E isso torna a suprema Providência divina ainda mais admirável, já que com objetos vazios e inconstantes – cegos, por assim dizer – constrói, segundo uma lei fatal e necessária, a ordem e a beleza inteiras do universo.

Por último, Cupido é arqueiro, ou seja, sua virtude consiste em atuar a distância (porque toda operação a distância lembra o arremesso da seta). Quem, pois, sustenta a teoria do átomo e do vácuo (ainda que não suponha este último segregado em si mesmo, mas disseminado), sustenta implicitamente que a virtude do átomo opera a distância – porquanto, sem isso, nenhum movimento se originaria, por causa do vácuo interposto, ficando todas as coisas fixas e imóveis.

No que diz respeito ao outro Cupido, diz-se com sobeja razão que é o mais jovem dos deuses, pois até a constituição das espécies ele não poderia atuar. Em sua descrição a alegoria muda de objetivo e volta-se para a moral.

Mas, ainda assim, persiste uma certa conformidade entre ele e o Cupido antigo. Vênus excita o apetite generalizado de conjunção e procriação; Cupido, seu filho, aplica esse apetite a um objeto individual. De Vênus provém então a tendência universal; de Cupido, a simpatia específica. Ora, a tendência universal depende de coisas que se encontram ao alcance; a simpatia específica, de princípios mais profundos e necessários, como que derivados do velho Cupido, que é a fonte de toda atração intensa.

XVIII
Diomedes, ou zelo religioso

Diomedes, herói de excelsa nomeada e favorito de Palas, foi por ela incitado (e era bem capaz de fazê-lo por si mesmo) a não poupar Vênus, caso se defrontasse com a deusa em batalha. Valorosamente cumpriu o que lhe fora pedido e feriu Vênus na mão. Por algum tempo permaneceu impune, conseguindo retornar à pátria com grande fama e reputação. Mas, topando com problemas domésticos, buscou refúgio na Itália. Também ali gozou de boa fortuna no início. O rei Dauno acolheu-o com hospitalidade e cumulou-o de honrarias e presentes, não lhe faltando estátuas erigidas pelo país inteiro. Mas, tão logo uma calamidade assolou o povo entre o qual achara asilo, Dauno concluiu que mantinha sob seu teto um homem ímpio e odiado pelos deuses, um agressor dos céus que, com violência, assaltara e ferira à espada uma divindade a quem era interdito até mesmo tocar. Assim, para livrar suas terras da maldição, decidiu imediatamente eliminar Diomedes, cancelar-lhe as honras e abater-lhe as estátuas. Esquecera os laços da hospitalidade em respeito aos deveres mais veneráveis

A sabedoria dos antigos

da religião. Não se permitiram nem mesmo lamentações pelo triste acidente: seus camaradas, por chorarem a morte do chefe e encherem a terra de gemidos, foram metamorfoseados numa espécie de cisnes – ave que, à aproximação da morte, emite um doce e lamentoso canto.

O assunto dessa fábula é raro e quase único; não há, com efeito, outra história em que se diz que um herói feriu uma divindade. Isso só se conta de Diomedes, no qual decerto se pretendeu pintar o caráter e a sorte daqueles que têm por objetivo declarado perseguir e aniquilar, a ferro e fogo, alguma seita religiosa, seja ela embora vã e inofensiva. Pois, se as guerras religiosas eram desconhecidas dos antigos (os deuses pagãos não tinham o menor laivo de ciúmes, que é a atitude do verdadeiro Deus), tão grande parece ter sido a sabedoria das prístinas eras e tão amplo o seu escopo que chegavam, por reflexão e imaginação, à ideia daquilo que não conheciam por experiência.

Os que movem guerra a uma seita religiosa – não importa se vazia, corrupta e infame, o que é representado pela pessoa de Vênus – valendo-se não da força da razão, da doutrina ou da santidade da vida, bem como do peso dos exemplos e da autoridade, para corrigir e refutar, mas pelo fogo, pela espada e pela dureza da punição a fim de abatê-la e exterminá-la – tais pessoas são talvez estimuladas por Palas, isto é, por um certo vigor de discernimento e severidade de juízo que lhes fazem perceber com clareza as falácias daqueles erros, vigor e severidade acrescidos do ódio ao mal e do zelo honesto. Por algum tempo conquistam grande glória e são pelo vulgo (que detesta a moderação) celebrados e até cultuados como os únicos paladinos da verdade e da religião, parecendo todos os mais interditos e irresolutos. Mas glória e felicidade não duram para sempre: algum tipo de violência, a menos que uma morte prematura ludibrie as vicissitudes da fortuna, é comumente o quinhão final. E se acaso ocorre alguma alteração no Estado, quando então a seita proscrita e amesquinhada reúne forças e levanta a cabeça, as ameaças e maldições desses fanáticos são condenadas, seu nome se torna objeto de ódio e todas as suas honras se transformam em recriminações. O assassinato de Diomedes às mãos de seu anfitrião alude ao fato de que as diferenças religiosas alimentam falsidades e perfídias mesmo entre amigos íntimos. E quando se diz que não foram tolerados o pranto e as lamentações de seus camaradas, mas castigados, quer-se dizer que, se a maioria dos crimes merece piedade, na medida em que o ódio à ofensa não preclude a misericórdia para com a pessoa e a sorte do ofensor (apenas o mal extremo não faz jus aos ofícios da compaixão), estando a religião e a devoção em jogo até as mostras de piedade são malvistas. Por outro lado, as dores e lamentações dos camaradas de Diomedes, ou seja, daqueles que pertencem à mesma seita e cultivam a mesma opinião, são em geral muito tocantes, muito musicais, como os suspiros dos cisnes, as aves de Diomedes. Essa parte da alegoria possui ainda outro significado, impressionante e nobre: no caso das pessoas que sofrem pela religião, as palavras que elas proferem ao morrer, como o canto do cisne moribundo, têm maravilhoso efeito sobre o espírito dos homens, permanecendo longo tempo em sua lembrança e sentimentos.

XIX
Dédalo, ou o mecânico

Na pessoa de Dédalo, homem de alentado gênio, mas de ruim caráter, os antigos viram a industriosidade

A sabedoria dos antigos

e a habilidade mecânica, juntamente com seus artifícios desonestos e suas aplicações pervertidas. Dédalo fora banido por ter assassinado um condiscípulo e rival, mas logrou achar favor, no exílio, junto a reis e Estados. Inúmeras e excelentes obras, tanto para honra dos deuses quanto para adorno e magnificência de cidades ou locais públicos, foram concebidas e realizadas por ele. Entretanto, ganhou fama máxima por invenções ilícitas. Deve-se-lhe, com efeito, a máquina que permitiu a Pasifaé saciar sua paixão pelo touro. Portanto, o desgraçado e infame nascimento do monstruoso Minotauro, devorador de jovens inocentes, só se tornou possível graças à habilidade celerada e ao gênio pernicioso desse homem. Depois, para cobrir um feito ignóbil, excogitava outro e, visando dar guarida àquela calamidade, planejou e construiu o Labirinto – obra perversa nos fins, mas verdadeiramente admirável e preclara pela arte. Em seguida, não desejando que sua fama repousasse apenas em artes nefandas – e, também, para que fosse sempre solicitado a ministrar remédios e instrumentos maléficos –, concebeu o engenhoso artifício do novelo, graças ao qual era possível retraçar os meandros do Labirinto. Esse Dédalo acabou perseguido com grande severidade, diligência e inquisição por Minos, mas sempre achava meios de escapar e encontrar refúgio. Por fim, ensinou o filho Ícaro a voar; mas este, inexperiente e vaidoso de sua arte, despencou no oceano.

A parábola pode ser interpretada da seguinte forma. Logo de início, observa-se que a inveja predomina nos grandes homens e não lhes dá repouso; não há, de fato, classe mais avassalada por esse sentimento, classe de caráter tão amargo e implacável.

Menciona-se a seguir a natureza pouco política e imprevidente do castigo infligido: o banimento. É privi-

Francis Bacon

légio dos artífices destacados serem recebidos em toda parte, de tal modo que o exílio em nada os prejudica. Outros ofícios e condições de vida raramente medram em terra alheia, ao passo que a admiração pela arte se espraia e avoluma entre estrangeiros. Está na natureza dos homens desdenhar os talentos mecânicos de seus compatriotas.

As passagens seguintes, referentes ao emprego desses talentos, são claríssimas. Decerto a vida humana muito lhes deve, pois daí se tiram inúmeras coisas úteis ao aparato religioso, ao ornamento do Estado e ao universo da cultura. No entanto, da mesma fonte promanam os instrumentos da luxúria e até da morte. Pois, sem falar das práticas dos alcoviteiros, os venenos mais insidiosos, as armas de guerra e outros engenhos letais são frutos da invenção mecânica – e bem sabemos quão mais cruéis e perniciosos se mostram do que o próprio Minotauro.

Também formosa é a alegoria do Labirinto, pelo qual se representa a natureza geral da mecânica. É que toda invenção mecânica engenhosa e exata pode ser comparada a um labirinto por sua sutileza, variedade e similitude óbvia, que o tirocínio dificilmente consegue ordenar e discriminar, só sendo isso possível pela chave [novelo] da experiência. O ponto seguinte não é igualmente despropositado, a saber, que o mesmo homem a camuflar os meandros do Labirinto foi quem afinal forneceu a pista para evitá-los. De fato, as artes mecânicas costumam servir ao mesmo tempo para a cura e a doença e, pela maior parte, possuem o poder de desfazer seu próprio bruxedo.

Além disso, os artifícios ilícitos, e mesmo as artes em si, são geralmente perseguidos por Minos – isto é, pelas leis. Estas os condenam e proíbem o povo de

A sabedoria dos antigos

usá-los. Ainda assim se preservam às ocultas e por toda parte encontram asilo e recepção. Bem o disse Tácito em seu tempo, num caso não muito diferente, ao falar dos matemáticos e adivinhos. Chama-os "uma classe de homens que em nossa cidade será sempre acolhida e proibida". No entanto, essas artes ilegais e curiosas perdem com o passar do tempo a estima (pois muitas vezes não cumprem suas promessas), como Ícaro a despencar do céu, são escarmentadas e perecem pelo excesso de ostentação. Porquanto, a falar verdade, não são tanto contidas pelas leis quanto condenadas pela própria vanglória.

XX
Erictônio, ou impostura

Contam os poetas que Vulcano, no ardor do desejo, tentou forçar a pudicícia de Minerva. Na luta que se seguiu, sua semente derramou-se pelo chão e dela nasceu Erictônio, homem bem-conformado e belo no torso, mas com coxas e pernas finas e disformes, parecidas a enguias. Cônscio dessa deformidade, inventou o carro, com o qual podia exibir a parte bonita do corpo e esconder a feia.

Essa estranha e prodigiosa história parece conter o seguinte significado. A Arte, aqui representada na pessoa de Vulcano (que faz muito uso do fogo), quando tenta pela violentação dos corpos curvar a Natureza ao seu talante, vencê-la e subjugá-la (e a Natureza é descrita sob os traços de Minerva, dada a sabedoria de suas obras), raramente alcança seu objetivo; ao contrário, em meio aos seus esforços (como numa luta), ocorrem certos nascimentos imperfeitos e obras estropiadas, curiosas no aspecto, mas frágeis e impróprias para o uso. Ainda assim impostores as exibem pelo mundo com falacioso aparato, qual se fora em triunfo. Tais coisas se observam comumente nas produções químicas ou nas novidades e sutilezas mecânicas. É que os homens, obcecados demais com seu projeto para se redimir de seus erros, antes lutam contra a Natureza que lhe tributam a devida observância e atenção.

XXI
Deucalião, ou restauração

Narram os poetas que, tendo os habitantes do antigo mundo sido completamente extintos pelo dilúvio, só restando Deucalião e Pirra, esses dois seres, inflamados pelo desejo de restaurar a raça humana, consultaram o oráculo e receberam a seguinte resposta: satisfariam aquele desejo se recolhessem os ossos de sua mãe e os atirassem pelas costas. Essas palavras os entristeceram grandemente em princípio, pois, tendo o dilúvio nivelado a face da natureza, procurar um sepulcro seria tarefa infinita. Mas por fim compreenderam que o oráculo aludia às pedras da terra, vista como a mãe de todas as coisas.

A fábula parece desvendar um segredo da natureza e corrigir um erro inerente ao espírito humano. O homem, em sua ignorância, conclui que a renovação e restauração das coisas tem de fazer-se por meio de sua própria corrupção e resíduos, tal como a Fênix renasce das próprias cinzas. Mas não é assim: tais substâncias chegaram ao termo de seu curso e não podem volver aos começos de si mesmas. Precisamos, então, remontar a princípios mais comuns.

A sabedoria dos antigos

XXII
Nêmese, ou vicissitudes das coisas

Reza a tradição que Nêmese era uma deusa venerada por todos, temida até pelos poderosos e afortunados. Dizem-na filha da Noite e do Oceano. Eis como a representam: alada; coroada; com uma lança de freixo na mão direita; na mão esquerda, um frasco com figuras de etíopes; e montada num cervo.

Assim se deve entender a fábula. A palavra Nêmese significa, claramente, Vingança ou Retribuição, pois era ofício da deusa interromper a felicidade dos homens e não permitir que pessoa alguma fosse perpetuamente venturosa – como um tribuno da plebe a interpor o seu *veto*. Cabia-lhe, não só castigar a insolência, como fazer que a prosperidade, embora inocente e fruída com moderação, tivesse sempre o seu reverso. A nenhum mortal, com efeito, é lícito participar dos banquetes dos deuses, exceto por derrisão. Quando li o capítulo de Caio Plínio em que ele coleciona as desventuras e misérias de Augusto César – o qual eu supunha o mais afortunado dos homens e que mostrava mesmo certa prudência no uso e gozo da riqueza, sem ter no caráter laivos de arrogância, leviandade, frouxidão, confusão ou melancolia (tanto que certa feita determinou morrer voluntariamente) –, concluí que grande e poderosa devia ser essa deusa para trazer semelhante vítima às suas aras.

Seus pais foram a Noite e o Oceano: as vicissitudes das coisas e o obscuro julgamento de Deus. Representam-se muito bem as vicissitudes das coisas na figura do Oceano, pelo seu perpétuo fluxo e refluxo; e a providência oculta condiz com a imagem da Noite. Porque essa Nêmese da Noite (disparidade entre os juízos humano e divino) fora suspeitada até pelos pagãos:

Também tombou Rifeu, considerado o mais justo
E prestante dos teucros.
Mas os deuses pensavam de outro modo.

Nêmese ainda é representada com asas, em razão das súbitas e imprevisíveis revoluções das coisas. Sabe--se por todos os registros históricos que homens valorosos e avisados pereceram em consequência dos males que mais temiam. Assim sucedeu a Marco Cícero, o qual, advertido por Décimo Bruto contra a má-fé e a hostilidade de Otávio César, respondeu apenas: "Agradeço-te muito, caro Bruto, essa informação, embora ela não passe de loucura".

Nêmese se distingue também pela coroa, em alusão à natureza invejosa e má do vulgo: quando os poderosos e afortunados caem, o povo comumente exulta e coloca uma coroa na cabeça de Nêmese.

A lança na mão direita relaciona-se àqueles que ela de fato fere e trespassa. E se algum mortal houver que a deusa não torne vítima de calamidades e infortúnios, ao menos lhe exibe o sombrio e ominoso espectro que se vê em sua mão esquerda: pois os homens precisam ser assombrados, ainda que no auge da ventura, pelas imagens da morte, enfermidades, desgraças, perfídias de amigos, urdiduras de inimigos, oscilações de fortuna e coisas assim – como os etíopes do frasco.

Virgílio, ao descrever a batalha de Ácio, acrescenta com elegância a propósito de Cleópatra:

No meio a Rainha incita os seus à luta
Com um sistro, sem temer as áspides gêmeas às suas
[costas.

Mas pouco depois, para onde quer que se voltasse, bandos de etíopes surgiam a seus olhos.

A sabedoria dos antigos

Por fim, acrescenta-se apropriadamente que Nêmese monta um cervo, animal longevo: pode ser que quem morre jovem ludibrie Nêmese; mas se sua prosperidade e sua grandeza durarem, torna-se fatalmente um súdito de Nêmese e como que a carrega por toda parte montada às costas.

XXIII
Aqueló, ou batalha

Os antigos contam que, quando Hércules e Aqueló disputavam a mão de Djanira, resolveram decidir a questão por uma luta. Aqueló começou tentando toda uma variedade de formas, o que lhe era permitido, e por fim se apresentou a Hércules sob o aspecto de um touro selvagem e furioso, já aprestado para o combate. Hércules, por seu turno, manteve a figura humana e correu contra ele. Seguiu-se uma luta encarniçada, cujo desfecho foi Hércules arrancar um dos chifres do touro. Este, grandemente ferido e aterrado, ofereceu em troca do seu o chifre de Amalteia, ou Abundância.

A fábula alude às expedições militares. A preparação para a guerra, da parte dos defensores (representados por Aqueló), é vária e multiforme. Já o aspecto assumido pelos invasores é um só, consistente apenas num exército ou às vezes numa frota. O país prestes a receber o inimigo em seu próprio território começa a trabalhar de várias maneiras: fortifica uma cidade, desmantela outra, acolhe a gente do campo e das aldeias dentro de seus muros, acastela burgos, constrói uma ponte aqui, derruba outra acolá, reúne e distribui tropas e provisões; preocupa-se com rios, portos, gargantas de montanha, florestas e muitas outras coisas. Pode-se dizer que assume uma nova forma a cada dia; e, estando já inteiramente preparado, exibe ao mundo a ameaçadora catadura de um touro belicoso. Enquanto isso, o inimigo anseia pelo combate e só dele se ocupa, temendo ficar sem suprimentos em terra inimiga. E se acaso vence a batalha – se, por assim dizer, quebra o chifre do adversário –, este, desencorajado e humilhado, precisa recuar para suas posições fortificadas a fim de recobrar forças, deixando à sanha do invasor suas cidades e campos. Ora, isso é como entregar-lhe o chifre de Amalteia.

XXIV
Dioniso, ou desejo

(Esta fábula reaparece, ampliada e completada, no Livro II de *De Augmentis Scientiarum*)

Narram [os poetas] que Sêmele, amante de Júpiter, fê-lo proferir o juramento inviolável de satisfazer-lhe um desejo, qualquer que fosse. Pediu então que ele a possuísse sob a mesma forma com que possuía Juno. A consequência foi que a jovem pereceu incinerada em seu abraço. A criança que trazia no ventre foi recolhida pelo pai e costurada em sua coxa, até cumprir-se o tempo da gestação. O peso obrigava Júpiter a manquejar; e a criança, por causar-lhe dor, recebeu o nome de Dioniso. Depois de nascer, foi enviada a Prosérpina, que dela cuidou por alguns anos; mas, quando cresceu, seu rosto se parecia tanto com o de uma mulher que era difícil saber de qual sexo era. Além disso, morreu e ficou sepultado por certo tempo, para logo voltar à vida. Em sua primeira juventude, Dioniso descobriu e disseminou a cultura da

A sabedoria dos antigos

vinha, bem como a composição e o uso do vinho, até então desconhecido. Já famoso e ilustre, subjugou o mundo inteiro e avançou até os limites extremos da Índia. Era conduzido num carro puxado por tigres, tendo à volta uns demônios deformados e saltitantes chamados Cóbalos, Ácrato e outros. Também as Musas se uniram a ele. Tomou para esposa Ariadne, a quem Teseu traíra e abandonara. Tinha por árvore sagrada a hera. Creditam-lhe ainda a invenção e instituição de cerimônias e ritos sagrados, que eram, no entanto, fanáticos e corruptos, além de crudelíssimos. Detinha o poder de excitar o frenesi. Pelo menos dois varões ilustres, Penteu e Orfeu, sucumbiram às mãos de mulheres enlouquecidas em suas orgias, que os fizeram em pedaços – o primeiro por ter subido a uma árvore a fim de espiá-las, o segundo enquanto tangia a lira. Muitas das ações desse deus confundem-se com as de Júpiter.

A fábula parece tratar dos costumes, e de fato nada melhor se encontra na filosofia moral. Sob os traços de Baco descreve-se a natureza do Desejo, ou paixão e perturbação. Com efeito, a mãe de todos os desejos, ainda os mais perniciosos, outra não é que o apetite e o anseio por bens aparentes; sua concepção se dá sempre por uma promessa ilícita, feita antes de ser medida e ponderada. Mas quando a paixão se aquece, a mãe (isto é, a natureza do bem), incapaz de suportar-lhe o calor, é devorada pelas chamas. A própria paixão, de início, permanece na alma humana (que é seu pai, representado por Júpiter), sobretudo na parte baixa, qual se fora na coxa, sendo ali nutrida e ocultada. A tal ponto punge, incomoda e deprime a alma que suas resoluções e ações como que claudicam. E mesmo depois que cresce e se transforma em atos, por indulgência e costume, fica durante algum tempo aos cuidados de Prosérpina – ou seja, busca locais secretos e mantém-se oculta como sob a terra. Mas então, rompendo todos os entraves do pudor e do medo, faz-se ousada e assume ou a máscara de alguma virtude ou, insolentemente, a própria infâmia. Com verdade se diz que toda paixão inflamada é de sexo duvidoso, pois tem ao mesmo tempo a força do homem e a fraqueza da mulher. Diz-se também com igual verdade que Baco voltou à vida depois de morrer: as paixões parecem às vezes adormecidas e extintas, mas delas não se pode fiar ainda que hajam sido sepultadas porque, fornecidos o pretexto e a ocasião, ressurgem.

Formosa parábola, a da invenção do vinho. De fato, as paixões descobrem seus próprios estimulantes com muita sagacidade e engenho. E nada do que conhecemos é tão vigoroso e eficiente quanto o vinho para excitar perturbações de todo tipo, das quais é como que o combustível comum. Com idêntica finura se representou a Paixão como subjugadora de províncias e empreendedora de conquistas sem fim. Ela jamais se contenta com o que possui, mas vai adiante com insaciável apetite, à cata de novos triunfos. Tigres são mantidos em suas cocheiras e recebem o jugo de seu carro – pois logo que a Paixão deixa de avançar a pé para deixar-se conduzir por rodas, celebrando sua vitória sobre a razão, passa a mostrar-se cruel, selvagem e impiedosa para com tudo o que lhe barra o caminho. Jocosamente foram colocados aqueles demônios ridículos a dançar à volta do carro: com efeito, toda paixão produz nos olhos, na boca e no corpo movimentos indecorosos, incontidos e disformes. Quando um homem, sob a influência da paixão – cólera, petulância, amor etc. –, parece grande e imponente a seus próprios olhos, aos olhos dos outros parece desagradável e ridículo. Convém igualmente que as Musas integrem o cortejo, pois quase não há paixão que

A sabedoria dos antigos

não encontre uma doutrina para incensá-la. Assim a majestade das Musas se rebaixa graças à leviandade do engenho humano, transformando aqueles que deveriam ser os guias da vida em meros seguidores de suas paixões.

Nobre é a parte da alegoria que representa Baco consagrando o seu amor a uma mulher abandonada por outro homem. Verdadeiramente, a paixão busca e apetece aquilo que a experiência rejeitou. E saibam todos quantos, no afã da busca e da indulgência, estão prontos a pagar qualquer preço pelo gozo de seus afetos, que independentemente do objeto pretendido – honra, fortuna, amor, glória ou sabedoria –, cortejarão coisas rejeitadas, coisas que muitos homens experimentaram e, após a experiência, deitaram fora com desgosto.

Tem também seu mistério a consagração da hera a Baco. Essa planta apresenta, com efeito, duas propriedades: floresce no inverno e sobe espalhando-se pelas coisas – árvores, paredes, edifícios. Quanto à primeira, toda paixão desabrocha e ganha forças ante a proibição e a resistência (como por uma espécie de antiperístase), tal qual se dá com a hera ante o frio do inverno. Quanto à segunda, a paixão dominante espraia-se por sobre todos os atos e resoluções humanas, insinuando-se neles e com eles se mesclando. E não causa espanto que os ritos supersticiosos sejam atribuídos a Baco, já que todo afeto insano cresce nas religiões depravadas, nem que o frenesi seja por ele despertado, porquanto toda paixão é em si mesma uma loucura breve – e, quando veemente e obstinada, termina em desfaçatez. O dilaceramento de Penteu e Orfeu apresenta um evidente significado alegórico: a bisbilhotice e a advertência salutar são, ambas, odiosas e intoleráveis a uma paixão obstinada.

Finalmente, a confusão das pessoas de Baco e Júpiter pode ser entendida como uma parábola. Os feitos de rara distinção e mérito procedem às vezes da virtude, da razão clara e da magnanimidade, outras (embora possam ser celebradas e aplaudidas), de alguma paixão latente ou desejo oculto. Por isso, as proezas de Baco não se distinguem facilmente das de Júpiter.

XXV
Atalanta, ou lucro

Atalanta, notável pela ligeireza, foi desafiada a uma corrida por Hipômenes. As condições do certame eram: se Hipômenes vencesse, desposaria Atalanta; se perdesse, morreria. Não parecia haver dúvidas quanto ao desfecho, já que a insuperável excelência de Atalanta na carreira fora consagrada pela morte de inúmeros competidores. Por isso Hipômenes recorreu a um artifício. Muniu-se de três pomos de ouro e levou-os consigo. A corrida começou. Atalanta tomou a dianteira. Vendo-se ultrapassado, Hipômenes recorreu ao estratagema e atirou à frente um dos pomos, de modo que ela o avistasse – não diretamente à frente, mas um pouco para o lado, a fim de retardá-la e ao mesmo tempo desviá-la do curso. Ela, com feminil cupidez e atraída pela beleza do pomo, de fato afastou-se do curso e deteve-se para apanhá-lo. Hipômenes passou-lhe à frente; mas Atalanta, graças a seu ímpeto natural, recuperou-se e novamente tomou a dianteira. Porém, Hipômenes, interrompendo-a segunda e terceira vezes da mesma forma, venceu a corrida pela esperteza e não pela velocidade.

A história encerra uma excelente alegoria, referente à disputa entre a Arte e a Natureza. Pois a Arte, representada por Atalanta, é de si mesma mais veloz que a Natureza, se nada a detém, e por assim dizer o corredor que atinge primeiro o ponto de chegada. Isso se vê em quase tudo: a fruta cresce com mais lentidão da semente que do enxerto; o barro demora a enrijar-se em pedra, mas não tarda a transformar-se em tijolo quando cozido. Dá-se o mesmo em moral: o esquecimento e o alívio da dor vêm, por meios naturais, com o correr do tempo; mas a filosofia, que podemos considerar a arte de viver, fá-lo sem esperar muito, antevendo e apressando as coisas. Mas eis que essa prerrogativa e vigor da arte são retardados, com infinito dano para a humanidade, pelos pomos de ouro. Com efeito, não existe uma única ciência ou arte que siga perpetuamente a via certa e legítima, até alcançar seu objetivo; sucede sempre que estaque a meio-caminho e volte-se para os lados, em busca de ganho e comodidade:

Desviando-se para apanhar o ouro volúvel.

Não é, pois, minimamente de admirar que à Arte seja vedado triunfar da Natureza e, segundo as regras do certame, pereça e se extinga. Ao contrário, a Arte permanece sujeita à Natureza como a mulher ao marido.

XXVI
Prometeu, ou condição humana

Reza a tradição que o Homem foi feito por Prometeu, e feito de barro. Ainda assim, Prometeu misturou-lhe partículas retiradas de diferentes animais. Desejoso de beneficiar e proteger sua própria obra, e também de ser considerado não apenas o fundador, mas também o disseminador do gênero humano, subiu ao céu empunhando um feixe de talos secos de férula, acendeu-os no carro do Sol e assim trouxe o fogo para a Terra, presenteando-o à humanidade. Em troca de tão proveitoso Dom, os homens, diz-se, de forma alguma se mostraram agradecidos; ao contrário, chegaram a conspirar para acusá-lo, e a seu invento, perante Júpiter. Semelhante ato não foi encarado com os justos sentimentos que parecia dever inspirar, pois a acusação mostrou-se bastante aceitável a Júpiter e aos outros deuses. Tão deleitados ficaram que não apenas deixaram à humanidade o uso do fogo, como a presentearam com um novo dom, o mais agradável e desejável de todos: a eterna juventude. Jubilosas com isso, as néscias criaturas puseram o presente dos deuses no lombo de um asno. Este, a caminho de casa, sentindo-se atormentado pela sede, aproximou-se de uma fonte; mas a serpente que ali fora posta para guardar as águas não lhe permitiu que bebesse, a menos que em paga entregasse a carga que trazia. O pobre asno aceitou a condição; e assim, por um gole de água, o poder de renovar a juventude foi transferido dos homens para as serpentes. Depois que a humanidade perdeu o seu prêmio, Prometeu reconciliou-se com ela; mas, conservando a malícia e amargamente indisposto contra Júpiter, não escrupulizou em ludibriá-lo até mesmo no ato do sacrifício. Conta-se que abateu dois bois e encheu a pele de um deles com a carne e a gordura de ambos, e a pele do outro apenas com os ossos. Em seguida levou-os ao altar com ares benignos e devotos, pedindo a Júpiter que escolhesse. O deus, que lhe detestava a solércia e a má-fé, mas sabia como vingar-se, escolheu o touro falso. Então, ávido de puni-lo e certo de que a única maneira de reprimir a insolência de Prometeu seria castigar a raça humana (obra de que ele se mostrava absurdamente vaidoso e ufano), ordenou a Vulcano que fabricasse uma mulher formosa e atraente.

A sabedoria dos antigos

Uma vez pronta, todos os deuses a mimosearam com um dom, donde o seu nome de Pandora. Em seguida, puseram-lhe nas mãos um primoroso vaso, no qual estavam encerrados todos os males e calamidades. No fundo, jazia a Esperança. Ela se dirigiu primeiro a Prometeu, a ver se tomaria e abriria o vaso; porém ele, cauteloso e astuto, não o quis. Assim repelida, procurou Epimeteu (irmão de Prometeu, mas de caráter inteiramente diverso), que abriu o vaso sem hesitar. Ao ver os males se escapando, e tornando-se sábio tarde demais, tentou fechar rapidamente o vaso; no entanto, só o que conseguiu conservar foi a Esperança, que estava no fundo. Ao fim, Júpiter agarrou Prometeu e, depois de muitas e graves acusações – o roubo do fogo, o ludíbrio à majestade divina no episódio do sacrifício, o desprezo e rejeição de seu presente e ainda outra, não mencionada antes, a tentativa de seduzir Minerva –, acorrentou-o e condenou-o ao perpétuo suplício. Por ordem de Júpiter, com efeito, foi arrebatado ao Monte Cáucaso e ali atado a uma coluna, tão firmemente que não podia mexer-se. Todos os dias, vinha uma águia que lhe devorava o fígado; mas este crescia de novo à noite, de sorte que não faltava nunca alimento à dor. Contudo, diz-se que esse castigo teve um fim: Hércules, cruzando o mar numa taça que lhe dera o Sol, chegou ao Cáucaso, flechou a águia e libertou Prometeu. Para honrar Prometeu, instituíram-se em vários países jogos que foram chamados de corridas de tochas, nos quais os concorrentes carregavam tochas acesas; se uma delas se apagava, o portador punha-se de lado e cedia a vitória aos demais; e o primeiro que alcançava a meta com a tocha acesa empalmava o prêmio.

Essa fábula encerra, no âmago e na superfície, muitas especulações verdadeiras e graves. Nela, descobriram-se

Francis Bacon

algumas coisas desde o começo, outras permaneceram ignoradas.

Prometeu, é líquido e certo, significa a Providência: com efeito, a criação e a constituição do Homem eram, para os antigos, a obra especial da Providência. Por isso, não se duvidava de que a natureza humana inclui mente e intelecto, que é a sede da providência; e, uma vez que derivar a mente e a razão de princípios brutais e irracionais pareceria grosseiro e inacreditável, segue-se quase necessariamente que o espírito humano não foi dotado de providência sem que antes a Providência maior o quisesse e garantisse. Mas não é tudo. O objetivo principal da parábola parece ser que o Homem, se atentarmos para as causas finais, pode ser visto como o centro do mundo, tanto que, se desaparecesse, o resto careceria de finalidade e propósito como uma vassoura descosida, sem a nada levar. De fato, o mundo inteiro opera de concerto a serviço do homem, e de tudo ele tira uso e proveito. As revoluções e movimentos dos astros servem-lhe tanto para determinar as estações quanto para distribuir os quadrantes do globo. Os meteoros, para prognosticar o tempo. Os ventos, para impelir-lhe os navios e girar-lhe os moinhos e as máquinas. Plantas e animais de todos os gêneros fornecem-lhe abrigo, vestuário, alimentos e remédios, ou aligeiram-lhe o trabalho, ou lhe dão prazer e conforto – a tal ponto que as coisas parecem obedecer às necessidades do homem e não às suas próprias. Não sem razão acrescentou-se que, para a composição do homem, partículas retiradas a diferentes animais foram misturadas com o barro, pois de todas as coisas do universo o homem é a mais compósita, donde chamarem-no os antigos com acerto de *Mundus Minor* [Pequeno Mundo]. Os alquimistas, ao sustentar que se encontram no homem todos os minerais, vegetais etc.,

A sabedoria dos antigos

ou algo que lhes corresponda, tomam a palavra *microcosmo* num sentido excessivamente amplo e literal, roubando sua elegância e distorcendo seu significado; ainda assim, o fato de o homem, entre todas as coisas existentes, ser ao mesmo tempo a mais mista e a mais orgânica permanece uma verdade sã e sólida. Na verdade, esse é o motivo de ele ser dotado de tantos poderes e faculdades. Os poderes dos corpos simples, embora exatos e rápidos, são poucos, porque menos refratados, rompidos e contrabalançados pela mistura; já a abundância e a excelência de poder, essas residem na mistura e na composição. Não obstante, vemos que o homem se mostra nu e indefeso na primeira fase de sua existência, tardo em ajudar-se e cheio de necessidades. Por isso Prometeu apressou-se a inventar o fogo, o grande dispensador de alívio e amparo em todas as indigências e negócios humanos. Assim como a alma é a forma das formas e a mão a ferramenta das ferramentas, o fogo merece ser corretamente chamado de auxílio dos auxílios ou recurso dos recursos. Por meio dele se efetua a maioria das operações e, em infinita variedade de modos, dele se servem as artes mecânicas e as próprias ciências.

A descrição da maneira pela qual se descreve o roubo do fogo também é correta e adequada à natureza do assunto. Deu-se pela aplicação de um feixe de talos de férula ao carro do Sol, pois a férula é usada como vara de golpear. Portanto, o significado claro é que o Fogo se produz por percussões e atritos violentos de um corpo com outro; dessa forma, a matéria de que são feitos atenua-se e põe-se em movimento, preparando-se para receber o calor dos corpos celestes por processos clandestinos, à semelhança de um furto, e assim expele chamas como que tiradas ao carro do Sol.

Francis Bacon

Segue-se uma parte realmente notável da parábola. Contam-nos que os homens, em vez de satisfeitos e gratos, ficaram indignados e protestaram ante Júpiter contra Prometeu e contra o Fogo; e que esse ato foi tão apreciado pelo deus que, em paga, ele concedeu novos benefícios à humanidade. Mas como poderia o crime da ingratidão para com seu fautor, vício que em si alberga quase todos os outros, merecer aprovação e recompensa? Qual poderia ser o significado dessa fábula? Raciocinemos em outra direção. A alegoria diz que a denúncia, pelos homens, de sua própria natureza e arte procede de uma excelente atitude de espírito e vocação para o bem. O contrário é coisa infausta e detestável aos olhos dos deuses. Pois aqueles que, extravagantemente, gabam a natureza humana tal qual é e as artes tais quais foram recebidas; que se demoram na admiração do que possuem, julgando completas as ciências já professadas e cultivadas – esses negam, para começar, reverência à natureza divina, a cuja perfeição ousam comparar-se, e tornam-se inúteis aos semelhantes. Imaginam ter atingido o ápice do conhecimento e encerrado seus trabalhos, nada mais necessitando procurar. De outra parte, aqueles que denunciam a natureza e as artes, multiplicando as queixas, são não apenas mais modestos, a bem considerarmos, como também constantemente propensos à industriosidade e à descoberta. Isso me faz pasmar ainda mais da ignorância e mau gênio dos homens, os quais, servos da arrogância de uns poucos, tanto honram a doutrina dos peripatéticos (que é apenas uma parte, e não muito grande, da filosofia grega) que qualquer tentativa de nela encontrar falhas tornou--se não apenas vã, mas suspeita e perigosa.

Certamente, em minha opinião, tanto Empédocles quanto Demócrito – o primeiro com insensatez, o segundo

A sabedoria dos antigos

com sobriedade –, que afirmam que todas as coisas estão fora de nosso alcance, que nada sabemos, que nada distinguimos, que a verdade se acha enclausurada num poço profundo, que o verdadeiro e o falso se encontram inextricavelmente amalgamados (pois aqui a Nova Academia se excedeu), merecem mais aplauso que a confiada e dogmática escola de Aristóteles. Saibam, pois, todos que proferir queixas contra a natureza e as artes agrada aos deuses, merecendo da bondade divina novas bênçãos e dons; que a dura e veemente acusação contra Prometeu, nosso criador e senhor, é mais sensata e proveitosa do que uma efusão de congratulações; e que a certeza da abundância é a principal causa da carência.

Quanto ao presente que os homens teriam recebido em recompensa de sua denúncia, ou seja, o florir eterno da juventude, parece mostrar que métodos e remédios para o retardamento da idade e o prolongamento da vida eram considerados, pelos antigos, não como coisa impossível, ou jamais proporcionada, mas do número daquelas que os homens possuíram outrora e perderam por negligência. Parece dizer, com efeito, que graças ao uso conveniente do fogo, à justa e vigorosa indignação contra os erros da arte, tais bens poderiam ter sido concedidos pela bondade divina; foram os próprios homens que se perderam, confiando o presente dos deuses a um asno tardo e preguiçoso. Isso parece aludir à Experiência, uma coisa estúpida e de passo arrastado que deu nascença à antiga lamentação segundo a qual *a vida é curta e a arte é longa*. De minha parte, penso que essas duas faculdades – a Dogmática e a Empírica – ainda não se juntaram convenientemente; e que os novos dons dos deuses sempre foram entregues à filosofia abstrata, como a um pássaro ligeiro, ou à experiência lenta, como a um asno. No entanto, diga-se em favor do asno que ele talvez houvesse agido bem se não fora aquele acidente da sede em seu caminho. Pois caso um homem se deixasse guiar pela experiência e seguisse adiante obedecendo a determinada lei ou método, sem permitir que a sede de experimentos lucrativos ou ostentatórios o dominasse e o fizesse depor o fardo para degustá-los, tal homem, digo eu, seria um carregador a quem se poderia confiar novas e mais amplas medidas do quinhão divino.

Quanto à transferência do dom para as serpentes, parece mero acréscimo ornamental, exceto se ali foi posta para escarmento da humanidade, que com tanto fogo e tantas artes não pôde adquirir para si coisas que a natureza de bom grado concedeu a outros animais.

A súbita reconciliação dos homens com Prometeu, depois que se frustraram suas esperanças, contém igualmente uma observação sábia e proveitosa. Alude à precipitação e leviandade dos homens nos experimentos. Quando estes não dão o resultado pretendido, eles se apressam a classificar a tentativa de fracasso, voltando aonde estavam e envolvendo-se outra vez com as coisas antigas.

Tendo assim descrito a condição do homem com respeito às artes e assuntos intelectuais, a parábola se volta para a Religião. É que, com o trato das artes, vem o culto das coisas divinas, desde o início açambarcado e poluído pela hipocrisia. Assim, sob a forma do duplo sacrifício, representam-se com finura o homem verdadeiramente religioso e o hipócrita. Em um há a gordura, que é a porção de Deus, em virtude da chama e do sabor doce pelos quais se entendem o afeto e o zelo queimando e subindo para a glória divina. Nele estão as vísceras da caridade, as carnes boas e úteis. No outro só se encontram ossos despidos e secos, com os quais a pele é inflada até parecer uma vítima bela e nobre; isso alude aos ritos

A sabedoria dos antigos

exteriores e vazios com que os homens sobrecarregam e atulham o serviço religioso, coisas antes feitas para a ostentação que para a piedade. E não se contenta o homem em oferecer tais contrafações a Deus, mas imputa-as a si mesmo como se as houvesse escolhido e prescrito. É contra esse tipo de escolha que Deus fala pela boca do profeta: *Acaso escolhi semelhante jejum, para que o homem aflija sua alma por um dia e penda a cabeça como um junco?*

Após examinar a condição religiosa, a parábola se volta para a moral e o estado da vida humana. Em geral, e de modo correto, entendeu-se Pandora como Volúpia e Libertinagem, que em seguida à introdução das artes civis, da cultura e do luxo, são por assim dizer alimentadas pelo dom do fogo. É, pois, a Vulcano – que também personifica o fogo – que se atribui a fabricação da volúpia. Dela provêm males infinitos para a alma, o corpo e a fortuna dos homens, bem como o arrependimento tardio – e não só para os indivíduos, como para reinos e repúblicas. Com efeito, dessa mesma fonte brotaram guerras, distúrbios civis e tiranias. Mas vale a pena notar quão formosa e elegantemente as duas condições – ou antes, esboços ou modelos da vida humana – foram apresentadas na história sob os traços de Prometeu e Epimeteu. Os seguidores de Epimeteu são os imprevidentes, que não cuidam do futuro e só pensam nos prazeres do momento. Nesse sentido, é verdade que sofrem incontáveis dissabores, dificuldades e catástrofes, estando perpetuamente às voltas com eles; entrementes, todavia, ocupam o gênio e divertem o espírito, por ignorância, com esperanças vãs nas quais se deleitam como em sonhos amenos, suavizando assim as misérias da vida. Por outro lado, a escola de Prometeu, isto é, a classe dos homens avisados e previdentes, evita e remove cautelosamente de seu caminho os desastres e infortúnios;

Francis Bacon

mas a esse bem junta-se um mal, pois tais homens se privam de muitos prazeres e alegrias da vida, fraudam seu gênio e, o que é pior, roem-se de cuidados, solicitudes e temores. Pois, estando atados à coluna da Necessidade, atormentam-se com infinitos pensamentos (os quais, por sua qualidade alada, são representados pela águia), pensamentos que ferem, bicam e devoram o fígado. E se a intervalos, como de noite, obtêm um pouco de alívio e tranquilidade de espírito, de manhã novos medos e ansiedades retornam. Raros são, portanto, aqueles a quem tocou o benefício de ambos os quinhões: conservar as vantagens da previdência e libertar--se dos males da perturbação. Nem é possível a quem quer que seja alcançar a dupla bênção, exceto pela ajuda de Hércules, quer dizer, fortaleza e constância de ânimo que, preparadas para todos os acontecimentos e firmes em qualquer circunstância, preveem sem temores, gozam sem tédio e toleram sem impaciência. Vale notar ainda que essa virtude não era inerente a Prometeu, mas adventícia, vinda de concurso alheio. Não é algo que se possa conquistar graças a um poder inato, pois chega da outra margem do oceano, dada e trazida a nós pelo Sol; nasce da Sabedoria, que é como o Sol, da reflexão sobre a inconstância e flutuação da vida humana, a qual lembra uma travessia oceânica – duas coisas que Virgílio associou nestes versos:

> Feliz quem pode conhecer as causas das coisas
> E todos os medos, e o inexorável fado, e o estrepitoso
> Aqueronte calcar aos pés.

Também com finura, para consolação e estímulo do espírito humano, acrescentou-se que aquele vigoroso herói navegou numa taça ou jarro. Com efeito, não devem os homens desconfiar demais da estreiteza e fra-

A sabedoria dos antigos

gilidade de sua natureza, nem alegá-la como escusa, como se fossem absolutamente incapazes de energia e constância – cuja natureza Sêneca bem divisou ao afirmar: *Grande é possuir, ao mesmo tempo, a fragilidade do homem e a segurança de Deus.*

Mas devo agora voltar a um ponto que, para não interromper a sequência do que aí ficou dito, omiti intencionalmente. Refiro-me ao último crime de Prometeu, o atentado à castidade de Minerva. Pois foi também por essa ofensa – certamente grande e grave – que ele se viu condenado ao suplício da evisceração. O crime mencionado não parece ser outro senão aquele em que os homens frequentemente incidem quando orgulhosos de suas artes e conhecimento: tentar curvar a própria sabedoria divina ao jugo dos sentidos e da razão. Daí advêm, inevitavelmente, a laceração da mente e a vexação sem termo nem descanso. Devem, pois, os homens distinguir com sobriedade e modéstia entre as coisas divinas e humanas, entre os oráculos dos sentidos e da fé, a menos que professem ao mesmo tempo uma religião herética e uma filosofia fabulosa.

Resta o caso das corridas com tochas acesas, instituídas em honra de Prometeu. Também isso, como o fogo em cuja memória e celebração foram criados tais jogos, alude às artes e ciências e adverte com prudência que a perfeição do conhecimento não cabe à rapidez ou habilidade de um só investigador, mas de muitos. De fato, os corredores ágeis e robustos talvez não sejam os mais aptos a conservar acesas suas tochas, que podem apagar-se quando se vai muito depressa ou muito devagar. Parece, entretanto, que essas corridas e jogos de tochas foram cancelados, porquanto já nos primeiros autores – Aristóteles, Galeno, Euclides, Ptolomeu – vemos diversas ciências em sua máxima perfeição. Nada de maior se fez

85

desde então, nem foi tentado, por seus sucessores. Bom seria que os jogos em honra de Prometeu – isto é, da Natureza Humana – fossem revividos, que a vitória não mais dependesse da tocha trêmula e hesitante de um único homem, mas da competição, da emulação e da boa fortuna. Assim os homens despertariam, experimentariam cada qual a própria força e capacidade, sem confiar a tarefa toda ao espírito e cérebro de uns poucos.

Essas as ideias que julgo escondidas nessa fábula tão comum e decantada. É verdade que alguns pontos apresentam maravilhosa correspondência com os mistérios da fé cristã. Por exemplo, a travessia de Hércules num jarro, para libertar Prometeu, lembra a imagem do Verbo de Deus encarnada no frágil vaso da carne para redimir a estirpe humana. Eu, porém, me abstive de toda licença e especulação desse tipo, não fosse porventura levar chama estranha ao altar do Senhor.

XXVII
Ícaro alado, também Cila e Caríbdes, ou caminho do meio

Em moral, fala-se muito na Moderação ou no Caminho do Meio. É menos celebrada na esfera intelectual, embora não seja ali menos útil e boa. Somente na política é questionável, a ser usada com cautela e tirocínio.

Os antigos representaram o princípio da moderação, em moral, pelo caminho que Ícaro deveria tomar nos ares; na esfera intelectual, pela passagem entre Cila e Caríbdes, célebre pela dificuldade e perigo.

Ícaro foi instruído pelo pai a não seguir um curso muito alto nem muito baixo enquanto voasse sobre o

A sabedoria dos antigos

oceano. É que, estando as asas fixadas com cera, receava que se ele se alçasse demais o calor do Sol a derreteria; se permanecesse muito perto dos vapores do mar, a umidade lhe romperia a consistência. Ícaro, com seu aventuroso espírito de moço, ganhou as alturas e despencou.

Essa é uma parábola fácil e conhecida. O caminho da virtude segue reto entre o excesso, de um lado, e a carência, de outro. Ícaro, no orgulho da afoiteza juvenil, naturalmente foi vitimado pelo excesso. Pois é por excesso que em geral os jovens pecam, como pecam os velhos por carência. E se devera perecer de qualquer maneira, temos de admitir que de dois caminhos igualmente maus e nocivos ele escolheu o melhor – pois os pecados da carência são com justiça reputados piores que os pecados do excesso: estes têm algo de magnânimo, algo do voo de um pássaro, associado ao céu, enquanto aqueles se arrastam pelo chão como répteis. Bem o disse Heráclito: *Luz seca, ótima alma.* É que quando os humores e a umidade da terra penetram na alma, ela se torna vil e degenerada. No entanto, também aqui se deve preservar a medida: a secura, tão justamente gabada, deve permitir que a luz seja mais sutil, mas não que atice um incêndio. Isso, porém, todos o sabem.

Quanto à passagem entre Cila e Caribdes (moderação no intelecto), certamente é necessário ter muita perícia e boa sorte para vencê-la. Pois se o navio se aproxima de Cila, quebra-se nos rochedos; se se aproxima de Caribdes, é sugado pelo torvelinho. Essa parábola nos leva a considerar (e só a examino de passagem, embora sugira reflexões infinitas) que em toda forma de conhecimento e ciência, bem como em toda regra ou axioma a eles pertinente, cumpre manter o meio-termo entre o excesso de especificidades e o excesso de generalidades – entre os rochedos e o torvelinho, famosos pelo naufrágio de engenhos e artes.

Francis Bacon

XXVIII
Esfinge, ou Ciência

Segundo a história, a Esfinge era um monstro que combinava diversas formas em uma só. Tinha voz e rosto de donzela, asas de pássaro e unhas de grifo. Postava-se no cume de uma montanha perto de Tebas e assolava os caminhos, espreitando os viandantes a quem assaltava e dominava de súbito. E após dominá-los, propunha-lhes enigmas obscuros e embaraçosos, que teria aprendido das Musas. Se os míseros cativos não conseguissem solucioná-los e interpretá-los sem demora, e hesitassem confusos, ela os despedaçava cruelmente. Como o tempo não suavizava a calamidade, os tebanos prometeram a quem resolvesse os enigmas da Esfinge (pois esse era o único meio de derrotá-la) a soberania de Tebas. O valor do prêmio induziu Édipo, homem de saber e penetração, mas coxo, a aceitar o desafio. Apresentou-se, pois, cheio de confiança e coragem diante da Esfinge; e, indagando ela qual era o animal que nascia com quatro pés, andava depois com dois, em seguida com três e, finalmente, outra vez com quatro, respondeu que era o homem – o qual, ao nascimento e na primeira infância, engatinha, tentando erguer-se; logo depois, consegue caminhar com os dois pés; na velhice, arrima-se a um bordão e, na extrema decrepitude, já sem força nos nervos, volta a ser quadrúpede e guarda o leito. Era a resposta certa e lhe deu a vitória. Édipo matou a Esfinge, colocou-a no lombo de um burro e levou-a em triunfo. Segundo o pacto, foi então feito rei de Tebas.

Eis uma fábula bela e sábia, inventada aparentemente em alusão à Ciência, sobretudo quando esta é aplicada à vida prática. A Ciência, que deixa perplexos os

A sabedoria dos antigos

ignorantes e inábeis, pode muito bem ser considerada um monstro. Na figura e no aspecto, representam-na como criatura multiforme, em referência à imensa variedade de assuntos com que se ocupa. Diz-se que tinha o rosto e a voz de uma mulher, por sua beleza e loquacidade. As asas foram acrescentadas porque as ciências e seus inventos se espalham e voam para longe sem demora (a transferência do conhecimento, com efeito, dá-se como a da chama de uma vela que acende outra prontamente). As garras, agudas e encurvadas, foram-lhe atribuídas com muita pertinência, pois os axiomas e argumentos da ciência penetram e aferram a mente de um modo que lhe não permite escapar. Também esse ponto foi bem notado pelo santo filósofo: *As palavras do sábio são como espinhos, como pregos que se cravam.* Pode-se dizer, ainda, que o conhecimento ergue sua morada no alto de uma montanha: ele é visto como coisa sublime e excelsa, que contempla do alto a ignorância e tem um vasto panorama de todos os lados, como os que se descortinam dos píncaros. Assola os caminhos porque, a cada curva na jornada humana, somos espiados e assaltados por temas e oportunidades de estudo. A Esfinge propõe aos homens inúmeros enigmas tortuosos, que ela colheu das Musas. Nestes, enquanto permanecem com as Musas, não existe provavelmente crueldade; pois, enquanto o objeto da meditação e da pesquisa consiste apenas em conhecer, o entendimento não é oprimido ou manietado por ele, podendo livremente vagar e dilatar-se; mas quando passam das Musas para a Esfinge – ou seja, da contemplação para a prática, suscitando a necessidade de agir, escolher e decidir –, então começam a mostrar-se penosos e cruéis. A menos que sejam solucionados e explicados, atormentam e molestam a mente, empurrando-a de um lugar para outro e, por fim,

Francis Bacon

despedaçando-a. Além disso, os enigmas da Esfinge apresentam sempre dupla condição: laceração da mente, em caso de fracasso; um reino, em caso de vitória. Pois aquele que sabe o que faz é senhor de seu objetivo e todo artífice é rei de sua obra.

São de dois tipos também os enigmas da Esfinge: um diz respeito à natureza das coisas; o outro, à natureza do homem. De igual modo, há duas espécies de reinos oferecidos como prêmio de sua solução: o reino sobre a natureza e o reino sobre o homem. De fato, o domínio das coisas naturais – corpos, remédios, forças mecânicas e tantas outras – é o fim próprio e último da verdadeira filosofia natural. No entanto, a Escola [peripatética], satisfeita com o que descobriu e cheia de garrulice, negligencia e condena a busca de fatos e fenômenos. Mas o enigma proposto a Édipo, por cuja solução ele se tornou rei de Tebas, relacionava-se à natureza do homem: quem penetra essa natureza pode moldar a própria fortuna quase a seu talante e, em verdade, nasceu para reinar, do mesmo modo que se disse das artes dos romanos:

> Tu, ó romano, lembra-te de governar os povos;
> Estas serão tuas artes...

Assim, Augusto César andou bem, de propósito ou por acaso, em gravar uma esfinge em seu sinete, pois decerto a todos excedia na arte da política e, no curso da vida, conseguiu resolver muitos outros enigmas concernentes à natureza do homem. Caso não o fizesse com habilidade e prontidão, em diversas ocasiões teria provavelmente perecido. A fábula vai adiante dizendo com sutileza que, vencida a Esfinge, seu corpo foi colocado no lombo de um burro: é que qualquer problema intricado ou abstruso, uma vez resolvido e divulgado, pode

A sabedoria dos antigos

ser entendido por qualquer papalvo. Também não ignoremos o fato de a Esfinge ter sido subjugada por um coxo: os homens, em geral, se apressam a solucionar os enigmas propostos por ela; a Esfinge então prevalece e, em vez de obter a soberania por obras e feitos, os homens apenas dilaceram sua alma e intelecto com polêmicas.

XXIX
Prosérpina, ou Espírito

Contam [os poetas] que, quando da memorável partilha dos reinos, o quinhão que tocou a Plutão foram as regiões infernais. Então ele, desesperando de conquistar qualquer das deusas superiores com galanteios e métodos gentis, resolveu tomar uma delas pela força. Enquanto Prosérpina, filha de Ceres e donzela formosa, colhia narcisos nos prados sicilianos, aproveitou a oportunidade e arrebatou-a em seu carro para o mundo subterrâneo. Ali foi tratada com máxima reverência, sendo mesmo chamada a Senhora de Dite. Entrementes Ceres, cheia de dor e aflição pelo desaparecimento da filha querida, empunhou uma tocha e percorreu o mundo inteiro à sua procura. Percebendo que a busca era infrutífera e ouvindo por acaso que Prosérpina fora conduzida às regiões infernais, pressionou Júpiter com muitas lágrimas e lamentações para que lha restituísse. Obteve, por fim, a promessa de que, caso a filha não houvesse comido nada do que pertencesse ao mundo inferior, Ceres poderia trazê-la de volta. Essa condição se revelou ingrata para a mãe porque, conforme se descobriu, Prosérpina mastigara três grãos de romã. O fato, porém, não impediu que Ceres renovasse as lamentações e as lágrimas, até que finalmente se convencionou o seguinte: Prosérpina passaria metade do ano com o marido e a outra metade com a mãe.

Mais tarde, uma ousada tentativa de arrebatar Prosérpina ao tálamo de Dite foi empreendida por Teseu e Pirito. Entretanto, assentando-se eles numa pedra para descansar, nas regiões infernais, não conseguiram mais erguer-se e lá ficaram para sempre. Assim, Prosérpina continuou rainha do mundo inferior, onde outro grande e honroso privilégio lhe foi concedido. É que, se aos que para lá desciam não era permitido voltar, uma singular exceção se fez em favor daqueles que levassem consigo um ramo de ouro como presente a Prosérpina. Era um ramo único, que vicejava por si mesmo numa vasta e tenebrosa floresta; não tinha cepa própria, mas crescia como visco numa árvore de outra espécie; e, logo que era arrancado, outro nascia em seu lugar.

A meu ver, a fábula fala da Natureza e explica a fonte daquele riquíssimo e copioso suprimento de força ativa que subsiste no mundo inferior, da qual brotam e à qual retornam, nela se resolvendo, todos os frutos da superfície da terra. Sob os traços de Prosérpina, os antigos representavam o espírito etérico que, separado pela violência do globo superior, acha-se aprisionado nas entranhas da terra (representada por Plutão), como muito bem exprimem estes versos:

> ...a Terra recente, separada há pouco
> do alto Éter, retendo sementes aparentadas ao céu.

Dizem-nos que esse espírito foi surpreendido e sequestrado pela Terra, pois não é possível agarrá-lo se tem tempo e vagar para fugir: o único meio de detê-lo e fixá-lo é por um ato súbito. Se quisermos misturar ar

A sabedoria dos antigos

com água, tal só é possível se agitarmos violentamente os componentes até obtermos uma espuma, onde, por assim dizer, o ar foi sequestrado pela água. Também se acrescenta com finura à fábula que Prosérpina se viu arrebatada quando colhia narcisos nos prados – pois Narciso toma seu nome do torpor e do estupor, e apenas quando o espírito começa a embotar-se (isto é, a ficar entorpecido) está preparado para o rapto da matéria terrestre. Com muita propriedade, igualmente, Prosérpina mereceu a honra, não concedida à esposa de nenhum outro deus, de ser chamada Senhora de Dite – porquanto o espírito, em verdade, governa tudo naquelas regiões sem a ajuda de Plutão, que permanece estúpido e alheado.

Enquanto isso o ar e o poder das regiões celestes (representadas por Ceres) forcejam com infinita assiduidade por recuperar esse espírito aprisionado; a tocha que o ar carrega – a tocha acesa na mão de Ceres – significa sem dúvida alguma o Sol, que faz as vezes de lâmpada para o mundo inteiro e tudo empreenderia para resgatar Prosérpina, se tal fosse possível. Mas Prosérpina permanece onde está, de um modo admiravelmente descrito nos dois acordos entre Júpiter e Ceres. No que toca ao primeiro, é bem certo que existem duas maneiras de confinar e reter o espírito na matéria terrestre sólida: uma por constipação e obstrução, que não passam de encarceramento e violência; a outra, pela administração de algum alimento conveniente, espontâneo e livre. Quando o espírito capturado começa a nutrir-se a si próprio, já não tem pressa de fugir e deixa-se ficar como em terra sua. Eis o que significa o fato de Prosérpina ter provado as três sementes de romã; se o não tivesse feito, logo seria recuperada por Ceres, que atravessava o mundo com sua tocha a procurá-la. Com efeito, se o espírito

Francis Bacon

contido nos metais e minerais não pode escapar-se principalmente em razão da solidez da massa, o espírito contido nas plantas e animais reside num corpo poroso do qual conseguiria ir-se com facilidade caso não fosse induzido a ficar por aquele processo de degustação. Quanto ao segundo acordo – pelo qual Prosérpina permaneceria metade do ano com cada uma das partes –, nada mais é que uma elegante descrição da divisão do ano: o espírito espalhado pela terra vive, com respeito ao reino vegetal, no mundo superior durante os meses quentes e retira-se para as profundezas durante os meses frios.

Relativamente à tentativa de Teseu e Pirito para resgatar Prosérpina, quer dizer que os espíritos mais sutis que descem à terra em muitos corpos às vezes não conseguem extrair, assimilar e levar consigo o espírito subterrâneo, mas eles próprios se embotam e jamais sobem de novo, indo então aumentar o número dos súditos de Prosérpina e a extensão de seu império.

Quanto ao ramo de ouro, talvez pareça difícil para mim rechaçar nesse terreno o ataque dos alquimistas, já que nos prometem com sua pedra não apenas montanhas de ouro, mas também a restituição dos corpos naturais como que das portas dos Infernos. Mas em se tratando da alquimia e daqueles que não se cansam de cortejar a tal pedra, assim como estou certo de que sua teoria não se sustenta, suspeito que nenhum êxito podem alegar na prática. Coloco-os, pois, de lado e dou minha opinião sobre o significado dessa última parte da parábola. Com base em diversas alusões figurativas, acredito que os antigos supunham a conservação (e até certo ponto a restauração) dos corpos naturais como coisa possível, embora abstrusa e inviável. É isso que os imagino a comunicar na passagem ora examinada, quando colocam aquele ramo no meio de outros muitos de uma

A sabedoria dos antigos

floresta impérvia e densa. Fazem-no de ouro porque o ouro é o símbolo da duração e enxertado porque seu efeito se deve esperar da arte, não de uma medicina ou método simples e natural.

XXX
Métis, ou conselho

Os poetas antigos nos contam que Júpiter desposou Métis, cujo nome significa, obviamente, Conselho; que ela ficou grávida; e que ele, percebendo-o, não esperou o parto mas devorou-a. Desse modo, o próprio Júpiter ficou grávido, mas partejou de um modo singular, pois de sua cabeça ou cérebro surgiu Palas inteiramente armada.

Essa fábula monstruosa e à primeira vista muito tola contém, segundo a interpreto, uma alusão aos segredos de governo. Descreve a arte pela qual os reis tratam com os conselhos de Estado de modo não só a manter intactas sua autoridade e majestade, como a exaltá-las aos olhos do povo. Os reis, com efeito, por um arranjo sólido e sábio, ligam-se a seus conselheiros como em casamento e deliberam com eles sobre os assuntos mais importantes sem achar que com isso diminuem sua majestade. Mas quando chega o momento de decidir (de dar a luz), não permitem que o conselho se responsabilize, para não parecer que a vontade real depende de suas opiniões. A essa altura (exceto se o assunto for de natureza tal que não desejem comprometer-se pessoalmente), assumem tudo quanto foi elaborado pelo conselho (gerado, por assim dizer, no ventre). Desse modo, a decisão e a execução – as quais, por virem acompanhadas de poder e necessidade, são elegantemente descritas sob os traços de Palas armada – parecem emanar apenas deles.

Francis Bacon

E não basta que sejam vistas como fruto de sua vontade livre e irrestrita: é preciso que o mundo as considere saídas de suas cabeças, ou seja, de sua sabedoria e tirocínio.

XXXI
Sereias, ou volúpia

A fábula das Sereias aplica-se com propriedade às seduções perniciosas do prazer, mas num sentido muito vulgar. Na verdade, acho a sabedoria dos antigos semelhante a uvas malpisadas: alguma coisa é espremida, mas as melhores partes se perdem.

As Sereias eram filhas, diz-se, de Aqueló e Terpsícore, uma das Musas. No princípio possuíam asas; mas, tendo sido vencidas num certame pelas Musas, a quem ousaram desafiar, essas asas foram arrancadas e transformadas, pelas vencedoras, em coroas para si mesmas. Por isso todas elas ostentam asas na cabeça, exceto a mãe das Sereias. Estas habitavam umas ilhas aprazíveis, de onde vigiavam os navios; quando um deles se aproximava, começavam a cantar, o que fazia os navegantes parar para ouvir e em seguida aproximar-se e desembarcar; então as Sereias os apanhavam e matavam. Sua melodia não era invariável: elas a adaptavam à natureza do ouvinte, para cativá-lo. Tão terrível era a calamidade que, de longe, as ilhas das Sereias apareciam cobertas de ossadas brancas insepultas. Para esse mal foram descobertos dois remédios: um por Ulisses, outro por Orfeu. Ulisses mandou que seus companheiros tapassem os ouvidos com cera enquanto ele próprio, querendo avaliar o fato sem correr riscos, fez-se atar ao mastro, ordenando-lhes que não o libertassem mesmo que o pedisse por gestos. Orfeu, sem recorrer a esse expediente, elevou a

A sabedoria dos antigos

voz e cantou acompanhado da lira o elogio dos deuses, conseguindo assim calar as Sereias e passar incólume.

A fábula relaciona-se à Moral e contém uma ideia elegante, embora óbvia. Os prazeres nascem da união da abundância e afluência com a hilaridade ou exultação da mente. Outrora os homens, à vista de seus encantos, deixavam-se arrebatar como que em suas asas. Mas a doutrina e a instrução conseguiram ensinar o espírito, se não a dominar-se, pelo menos a refletir e ponderar as consequências (arrancando, desse modo, as asas aos prazeres), o que redundou em grande honra para as Musas. De fato, logo que se viu por alguns exemplos que era capaz de combater a Volúpia, a Filosofia passou a ser encarada como coisa sublime, própria a elevar a alma da terra e tornar as ideias dos homens (que moram em sua cabeça) aladas e etéreas. Somente a mãe das Sereias continua a caminhar e não possui asas; por ela se entendem, decerto, os tipos mais ligeiros de saber, inventados e aplicados apenas para divertimento, como os que Petrônio tinha em grande conta. Condenado, buscou na própria antecâmara da morte assuntos amenos; e quando pediu livros para consolar-se, leu, diz Tácito, não os que prescrevem constância de ânimo, mas versos leves como estes [de Catulo]:

> Vivamos, minha Lésbia, e amemos,
> Pagando por tudo quanto os velhos ensinam
> Unicamente um asse.

Ou estes:

> Discorram sobre os direitos os velhos tristes,
> Sobre o justo e o injusto, servindo-se de critérios
> [legais.

Semelhantes doutrinas parecem pretender arrancar as asas das Musas e devolvê-las às Sereias. Diz-se que estas habitam ilhas, pois os prazeres geralmente buscam lugares retirados, longe dos olhares dos homens. No que toca ao canto das Sereias, seu artifício variado e efeito letal, ele depende de cada um e não precisa de intérprete. Mas a circunstância dos ossos vistos a distância como se fossem rochedos brancos é um ponto curioso: implica que as calamidades alheias, embora claras e conspícuas, não conseguem afastar os homens das corrupções da volúpia.

Resta falar da parte concernente aos remédios, ideia nobre e sábia sem ser complexa. Foram propostas para esse mal insidioso e violento três soluções, duas da filosofia, uma da religião. O primeiro método de fuga consiste em resistir aos começos e, com persistência, evitar as ocasiões que possam tentar e solicitar a mente. É o ato de tapar os ouvidos com cera, único remédio para espíritos medíocres e plebeus como os companheiros de Ulisses. Todavia, os ânimos superiores, quando se enchem de constância e resolução, podem aventurar-se em meio aos prazeres, ali submetendo sua virtude a uma prova mais sutil e, como observadores e não como seguidores, examinar melhor a puerilidade e loucura da volúpia. É o que Salomão diz de si mesmo ao completar a enumeração dos prazeres que gozava: *E minha sabedoria também ficou comigo*. Heróis dessa têmpera podem, pois, mostrar-se firmes nas maiores tentações e evitar os caminhos ínvios dos prazeres, desde que sigam o exemplo de Ulisses e reprimam as lisonjas e conselhos perniciosos de seus próprios seguidores, os mais aptos a abalar e enervar a mente. Mas, dos três remédios, o melhor em todos os sentidos é o de Orfeu, o qual, cantando e fazendo o elogio dos deuses, confundiu as vozes das Sereias e as deixou para trás. É que a meditação das coisas divinas supera os prazeres dos sentidos, não apenas em força, mas também em doçura.

SOBRE O LIVRO

Formato: 12 x 21 cm
Mancha: 19 x 39,5 paicas
Tipografia: Iowan Old Style 9,5/13
Papel: Pólen Soft 80 g/m² (miolo)
Cartão Supremo 250 g/m² (capa)
1ª edição: 2002
2ª reimpressão: 2012

EQUIPE DE REALIZAÇÃO

Coordenação Geral
Sidnei Simonelli

Produção Gráfica
Anderson Nobara

Edição de Texto
Nelson Luís Barbosa (Assistente Editorial)
Nelson Luís Barbosa (Preparação de Original)
Ada Santos Seles (Revisão)
Casa de Ideias (Atualização Ortográfica)

Editoração Eletrônica
Casa de Ideias (Diagramação)

Impressão e acabamento

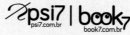